# 生态经济人
## 身份识别、契约履行及规制

ECO ECONOMIC MAN'S IDENTIFICATION, FULFILLMENT OF CONTRACT AND REGULATION

▶ 林爱华◎著

中国广播影视出版社

**图书在版编目（CIP）数据**

生态经济人身份识别、契约履行及规制 / 林爱华著
. -- 北京：中国广播影视出版社，2024.1
　　ISBN 978-7-5043-9209-1

　　Ⅰ.①生… Ⅱ.①林… Ⅲ.①生态经济－经济收益－
成本分析 Ⅳ.①F062.2

中国国家版本馆 CIP 数据核字（2024）第 017071 号

生态经济人身份识别、契约履行及规制
林爱华　著

责任编辑　王　波　孙政昊
责任校对　龚　晨
装帧设计　中北传媒

出版发行　中国广播影视出版社
电　　话　010-86093580　010-86093583
社　　址　北京市西城区真武庙二条 9 号
邮政编码　100045
网　　址　www.crtp.com.cn
电子邮箱　crtp8@sina.com

经　　销　全国各地新华书店
印　　刷　三河市龙大印装有限公司

开　　本　710 毫米 × 1000 毫米　　　1/16
字　　数　158（千）字
印　　张　13
版　　次　2024 年 1 月第 1 版　　2024 年 1 月第 1 次印刷

书　　号　978-7-5043-9209-1
定　　价　78.00 元

# 序　言

党的二十大报告指出："要推进美丽中国建设，坚持山水林田湖草沙一体化保护和系统治理，统筹产业结构调整、污染治理、生态保护、应对气候变化，协同推进降碳、减污、扩绿、增长，推进生态优先、节约集约、绿色低碳发展。"随着生态对人类的影响越来越大，我们已经进入了"生态时代"，不涉及生态就不可能谈论人与自然的关系。生态经济人是保护生态环境的实际执行者。生态保护在很大程度上取决于生态经济人的生态观和生态意识。

本书试图将"理性经济人"从纯粹的经济环境中剥离出来，放到生态环境中，赋予经济人"生态经济人"的身份。生态经济人身份的概念使得个体与生态环境之间的内涵得到拓展，个体在生态环境中被赋予了具体责任。生态经济人身份的假定可以合理解释经济人个体的偏好、行为的选择以及不同行为所产生的外部性。生态经济人身份的确立是经济人个体在生态污染条件下行为选择的前提，可能给经济学的发展注入新的内容，继而使之进入一个新的发展阶段。

本书首先介绍了生态经济人的由来，厘定生态经济人身份的定义，利用粗糙集方法对生态经济人的身份进行数理上的界定，寻找生态经济人的身份识别方法；利用国家发改委公布的绿色发展指标体系构建测算生态经济人收益和成本的指标体系，计算全国各地区生态经济人的收益和成本支付。

其次，本书厘定了生态经济人契约的内涵，提出假设条件，建立静态博弈和动态博弈，寻找积极环保和消极环保两类生态经济人的上下确界，对生态经济人的契约履行进行分析。其中，博弈状况包括生态经济人之间相互独立与否，生态污染物是否同质等各种不同情况，假设这些条件的转换服从马尔科夫转移机制。除了建立静态和动态的理论模型对生态经济人的契约履行进行分析，本书还把影响生态经济人最终的契约选择的因素分为内因和外因两个部分。内因指生态经济人在环保中付出的努力水平。努力水平难以量化，因此本书构建指标体系，测算生态经济人在环保行动中付出的努力水平并应用粗糙集方法计算努力水平中各个属性的重要程度。生态经济人契约选择的外因以 IPAT 系列模型的结论为依据，分为人口、财富和技术三大类指标。结合生态经济人契约选择的内因和外因，利用动态面板模型刻画生态经济人契约的履行过程，把博弈与粗糙集结合使用，由理论扩展到实际应用中。

再次，鉴于中国的政府规制特色，本书把政府规制作为第三方参与到生态经济人的分析中。碳排放权交易和生态补偿作为典型的政府规制政策，它们的反事实效果以及效果的持续性很难被分辨。本书利用合成控制法和断点回归分析法的结合，克服了反事实效果难以被检验以及断点产生原因难以被估计的弱点，分析了碳排放权交易和生态补偿政策的实施效果。碳排放权交易和生态补偿政策实施的有效性作为典型实例，说明了政府生态规制的有效性。为了进一步验证政府规制在全国范围内是否有效，本书利用被调节中介模型进行分析。但限于被调节中介模型只能逐个检验每个年度的规制效果，以及中国的地区生产总值增长率在近几十年出现断点的事实，本书首次提出了存在断点条件下的面板被调节中介模型，把断点回归和被调节中介模型结合起来，并把模型的应用推广到面板数据。

最后，本书从生态经济人环保行为和契约履行的内因和外因两个维度对生态经济人的规制提出建议。内因着重探讨如何提高生态经济人在环保行动中的努力水平，依据生态经济人收益和成本支付的不同情况，对生态经济人进行征税、生态补偿、制定污染物排放标准和鼓励信息分享等规制措施。外因主要着重于从财富、人口和技术三个方面进行规制，强调建立生态经济人生态经济观的科学思维模式，规范和引导隐性经济的健康发展，促进企业实现资源节约、生态环境友好型的技术创新。通过制定较为贴切的政策，实现生态经济人个体与管理者在生态环境中的双赢，实现可持续发展和美丽中国的最终目的。

# 目　录

# 第一章 绪 论

## 一、问题的提出与研究意义

党的十八大以来，以习近平同志为核心的党中央从中华民族永续发展的高度出发，深刻把握生态文明建设在新时代中国特色社会主义事业中的重要地位和战略意义，大力推动生态文明理论创新、实践创新、制度创新，创造性提出一系列富有中国特色、体现时代精神、引领人类文明发展进步的新理念、新思想、新战略，形成了习近平生态文明思想，高高举起了新时代生态文明建设的思想旗帜，为新时代我国生态文明建设提供了根本遵循和行动指南。在党的二十大报告中，习近平总书记指出，"我们要推进美丽中国建设，坚持山水林田湖草沙一体化保护和系统治理，统筹产业结构调整、污染治理、生态保护、应对气候变化，协同推进降碳、减污、扩绿、增长，推进生态优先、节约集约、绿色低碳发展。"党的二十大报告深刻阐明了"中国式现代化是人与自然和谐共生的现代化"，对"推动绿色发展，促进人与自然和谐共生"作出了重大安排部署，为推进美丽中国建设指明了前进方向。

随着生态对人类的影响越来越大，我们已经进入了"生态时代"，不涉及生态就不可能谈论人与自然的关系。生态经济人是保护生态环境的实际执行者。生态保护在很大程度上取决于生态经济人的生态观和生态意识。

　　身处生态环境日益恶化的浪潮之中，每一个国家、民族和个人都面临着生态环境污染范围越来越广、治理难度越来越大等问题。人们常常被沙尘暴、雾霾和酸雨等恶劣天气影响着。人类的繁衍和社会的进步受到来自生态环境的威胁。美国海洋生物学家蕾切尔·卡逊（Rachel Carson，1962）在其出版的著作《寂静的春天》（*Silent Spring*）中，就指出了生态环境的恶化将会给人类造成危害，不尊重自然的结果就会导致生态恶化的恶性循环。阿尔·戈尔（Albert. Gore，1997）在其著作《濒临失衡的地球》（*Earth in the balance*）中说，理性人盲目追求自身利益的方式很容易破坏周围的环境，其后果是对生态环境的严重破坏。赫尔曼·E. 戴利（Herman E.Daly，2001）认为所有人都想免费使用空气和水，这将导致竞争性和肆意浪费。生态污染变得越来越严重，越来越难以控制。如何保护生态环境已成为当务之急，生态问题已经成了全球共同亟待解决的问题。改革开放四十年，中国 GDP 实现了快速增长，然而我们也看到，中国保护生态环境的压力却是与日俱增。在四十多年的经济高速增长的同时，中国的生态环境保护也面临严峻考验。党的十九大报告指出"把人民对美好生活的向往作为奋斗目标"，党的二十大提出要"推进美丽中国建设"，在如何边发展经济边保护生态环境免受污染，保障中国的居民健康的背景下，探讨如何保护生态环境的问题变得十分迫切。

　　在人类文明史的早期，人类对大自然的影响比较小，生态系统处于平衡状态，人类得以顺利繁衍生存，因此人类也没有意识到生态的重要性。直到近代工业革命时期，人类改造大自然的力度大大加强，机器大工业体系的介入使经济得到迅猛发展，人类在向大自然索取更多的同时，生态系统就被大大破坏。20 世纪 50 年代，人们开始意识到生态危机问题。莱斯特·布朗（Lester Brown）提出，我们"必须全面调整经济，使之与生态系统密切匹配""经济和地球生态系统之间的稳定关系，是经济持续发展的基础"①。为了人类的健康和经济的持续发展，我们必须保护自然，维护生态环境。

Stem 等（1992）就认为人口因素和经济活动、技术和政治等其他因素一样，是环境压力的主要来源。IPAT 等系列模型作为分析生态环境的有效工具，把影响环境的压力分解为人口（I）、财富（P）和技术（T）三大类，其中也突出了人类在生态环境中的作用（Ehrlich P R and Holden J P，1971）。人类一方面需要维持自身的生存，另一方面也需要实现可持续发展。现在，世界各国对生态环境保护已有共识，如何边发展经济边保护生态环境成了关注的焦点，而这也是实现人与自然融合的前提。生态经济人就是把人的发展与生态的维护融合发展统一起来的结果，它既包括了人类与自然生态的关系，也包括了人与人之间的社会经济关系。随着经济和社会的发展，个人在经济社会中有着自己的经济身份。经济身份与信用记录息息相关，信用记录在每一个方面都影响着人们的日常生活。这种体现经济属性的人即为经济人，当其也体现生态属性时，就成为生态经济人。

生态经济人是新的生态文明时代需要的一个新的学科载体（Li H and Sun D，2014）。Donald Worster（1994）、Grossman G 和 Krueger A（1995）指出，随着生态对人类的影响越来越大，我们已经进入了"生态时代"，不涉及生态就不可能谈论人与自然的关系。然而在新的生态时代中，环境恶化、资源有限和经济发展之间的矛盾日益突出，新的生态时代呼唤生态经济人的出现。本书试图将"理性经济人"从纯粹的经济环境中剥离出来，放到生态环境中，赋予经济人以"生态经济人"的身份。在这里，生态经济人是一个行动受制

---

① 莱斯特·R. 布朗：《生态经济——有利于地球的经济构想》，林自新、戢守志译，东方出版社，2002。

于社会、经济和生态的综合效益的人。生态经济人是保护生态环境的实际执行者（Li H and Sun D，2014；刘家顺、王广凤，2007）。生态环境的保护在很大程度上取决于生态经济人的生态观和生态意识。如果生态经济人追求自身经济利益的最大化，忽视自身行为对环境可能造成的巨大负外部性，就很容易导致资源的过度开发和浪费，而后破坏后代的生存环境和发展空间。

生态经济人的提出并不是为了故意创新和猎奇，它是人类可持续发展的需要。它旨在克服"经济人"假说的内在局限性。不同于"经济人"假说，它清楚地指出，人类不仅受益于经济系统，同时也受益于生态系统。生态经济人身份的赋予使个体与生态环境之间的内涵得到拓展，个体在生态环境中被赋予了具体责任。生态经济人身份的假定可以合理解释经济人个体的偏好、对生态保护行为的不同选择以及不同行为所产生的外部性。生态经济人身份的确立是经济人个体在生态环境中行为选择的前提，为经济学的发展注入了新的内容。

## 二、文献综述

1962 年，《寂静的春天》首次公开出版，作者蕾切尔·卡逊却遭受了空前的诋毁和攻击。由于在当时的公共政策中没有生态环境这一项，故生态问题并未引起大家的注意，因此公众刚开始对它的接受度并不高。不过这本书唤醒了世人对生态问题的思考和重视。虽然当时大多数人都没有意识到生态问题，但是在一些工业化发展比较迅速的城市（比如伦敦），生态环境污染已经对社会公众的健康构成了威胁。美国人莱斯特·布朗郑重地指出："我们花很多时间为经济赤字而烦恼，但是威胁我们经济长远前景的是生态赤字。经济赤字是我们彼此之间的借贷，生态赤字却是我们取自子孙后代"[①]。在《生态经济》一书中，莱斯特·布朗立足于人和自然的关系来界定生态经济，认为生态经济能够满足我们当代的需求又不会危害子孙后代的利益，是一种有利于地球的经济模式。此外，美国生态学家、社会活动家利奥波德（Leopold，1949）在《沙乡年鉴》（*A Sand County Almanac*）中也阐明了自然对于人类极其重要。他抨击了以人类为中心的伦理观，突出了自然环境的重要性，构建了被广为接受的环境价值观。伴随着人类人口总量的增加，土地等自然资源要承受的压力日益加大，资源日益短缺，生态环境恶化已经成了制约经济发展的最主要因素，而这也引发了人类对传统经济的深刻反思。生态经济学作为一门新兴的跨领域学科，迅速引起了学者们的广泛关注。

（一）理论生态经济学综述

在传统经济学范式中，土地等自然资源和环境是作为外部因素——"自然要素"存在于经济学中的。早在重农主义时代，古典经济学家就将土地视为经济发展的基础要素之一，亚当·斯密（Adam Smith）甚至认为"没有资本积累和土地占有，大自然仍能保留原貌，并可以为人类活动供应一定数量和质量的物品"[②]。但随着欧洲工业革命的开始，工业在经济产量中的占比急剧上升，农业在经济产量中的比重逐渐下降，人们对生态与环境的重视有限，生态经济处于一种朦胧发展的阶段。在新旧古典经济学方兴未艾的时期，对于生态经济的思考，也仅停留在对自然资源稀缺性的探索阶段。随着土地侵蚀和沙漠化等人类最早导致的自然环境问题的出现，人们才对生态环境逐渐

---

① 莱斯特·R.布朗:《生态经济——有利于地球的经济构想》，林自新、戢守志译，东方出版社，2002。

② 亚当·斯密:《国民财富的性质和原因的研究（上下）》，郭大力、王亚南译，商务印书馆，1972。

重视起来。1962 年《寂静的春天》首次公开出版，罗马俱乐部的德内拉·梅多斯和乔根·兰德斯等（Donella H Meadows, Jorgen Randers, et al., 1972）的《增长的极限》（*The Limits To Growth*）出版，主流经济学推崇的工业经济理论受到了来自生态环境压力的拷问，人们对生态与经济的问题开展了新一轮的思考。迫于现实的生态压力，20 世纪 80 年代，联合国环境规划署"人口、资源、环境和发展"会议迫切召开，标志着生态经济学作为一门新兴的跨领域学科开始受到人们的广泛关注。

事实上，生态经济"这个词的产生还要更早。Burgess 和 Park（1921）为了明确指出资源环境系统对人类生产活动的承载能力是有一定限度的，首次使用了"生态承载力"的概念。美国经济学家 Kenneth Ewert Boulding（1966）正式提出了生态学与经济学结合的经济思想。1972 年，罗马俱乐部《增长的极限》（*The Limits to Growth*）报告提出了"零增长理论"——维持现有的经济发展水平和生产能力，不再以追求经济增长作为目标。1987 年，世界环境与发展委员会主席、挪威前首相布伦特兰夫人（Gro Harlem Brundtland）领导下的一个写作班子向联合国提出《我们共同的未来》（*Our Common Future*）的报告，定义了"可持续发展"，强调经济发展要以可持续发展为基础。1989 年，联合国环境计划署理事会会议制定了《清洁生产计划》，指出利用清洁生产计划提高生态效率。美国经济学家赫尔曼·E. 戴利（1996）出版了《超越增长：可持续发展经济学》（*Beyond Growth: the economics of sustainable development*）一书，并建立了宏观环境经济学理论框架，成为生态经济学家的典型代表。于是众多生态经济学家前赴后继，对生态经济学进行了一系列追本溯源的再思考。从全球生态危机引起大家共识的时间算起，生态经济学的研究已经经历了超过半个世纪的光阴。

国内对生态经济学的关注也由来已久。如果把 1972 年周恩来总理率代表团参加第一次世界环境与发展会议作为中国生态环境保护之路的开端，中国的生态经济之路已走过了 50 多年光阴。依据沈满洪（2003）主编的《生态经济学》，中国生态经济学的创建始于 1980 年。由于当时中国的国情比较特殊，生态经济学的研究几乎与社会转型同时起步，伴随着可持续发展和科学发展观进入国人的视野，逐渐成为研究热点。

作为一门跨领域学科，生态经济学自带"生态"和"经济"双重特点，因而其发展大多和经济学的发展进行了绑定。为了研究清楚生态经济学，学者们纷纷转向将经济学理论与生态理论相结合，以期解决这个问题。经济学理论与生态理论结合研究成果，主要集中但不限于以下三个方面。

1. 经济增长与生态环境的关系

对于经济增长与生态环境的关系，典型研究成果之一是格鲁斯曼（Grossman）和克鲁格（Krueger）在 1995 年，提出"环境库兹涅茨倒 U 型曲线 EKC"的假设，该假设经不断的验证后得出了"环境库兹涅茨曲线假说"，认为经济增长与生态环境息息相关。虽然生态经济学家一致认为，经济增长与生态环境的关系是相互绑定的，但是学者们对二者之间的关系研究的侧重点又有所不同。一部分学者认为，要维持经济增长和生态的平衡关系，可持续发展问题是十分关键的，社会发展不应该继续过度看重经济的增长速度，在经济增长的同时应该兼顾生态的平衡。鲍尔丁（1966）提出人类需要在破坏地球之前就对生态环境进行保护。艾金斯（Ekins，2003）的研究则直接强调持续发展性，他指出资本的投入对于自然资源的替代性是非常有限的，发展应该注重可持续性。又有一部分学者认为，人们不应该仍把经济利益的最大化作为自身发展的最大目标，相对的，有些时候经济的发展应该让位于生态的保护。维克多（Victor，2007）指出 21 世纪经济学的核心问题是如何

"管理无增长",在 2008 年全球经济危机之后,很多生态经济学家更是提出了"负增长"的理论,杰克逊(Jakson,2016)指出,受限于生态环境等诸多因素,负增长将是人类必将面临的不可避免的问题。那么,如何兼顾经济增长和生态保护?如何协调二者之间的关系? Martijn G. Rietbergen,Kornelis Blok(2010)指出,实现生态与经济协调发展的核心是通过智能化来实现减排和效率的提升。杰克逊(2016)则认为除非人类能够在技术上出现奇迹般的重大创新,人们才能兼顾经济与生态的双重利益。

### 2. 供需与生态的关系

巴克(Barker,2012)研究指出,由于环境破坏或者自然资源的枯竭,供给已然成了制约经济增长的因素,增长应该诉诸依靠需求的拉动。但又有很多经济学家提出需求具有反弹效应,即需求的增加会抵消能源效率的提高。桑德斯(Saunders,2000)和巴克等(2009)研究发现,在一个需求驱动的世界,增加支出将增加产量,但同时会增加碳排放和生态环境污染。很多经济学家的研究说明,生产要素的供给和需求在很大程度上带来了经济的增长,基于这一点,有很多生态经济学家关注了要素投入、生产率增长与产出增长或者就业扩张之间的关系。泰勒(Taylor,2009)使用 1990—2004 年的全球数据演示了人均能源消耗的增长和劳动生产率增长之间的关系,计算得出人均能源消耗增长 1 个百分点可以带来劳动生产率增长 0.6 个百分点,说明人均能源消耗增加带来了生产力水平的明显增长。

### 3. 生态环境规制与生态经济的关系

研究供需与生态关系的学者大多数主张自由市场及其价格调节机制无效理论,倡导政府规制。虽然政府规制可以减少生态环境污染(Porter E M and Linde D V C,1995),但如果规制成本过高,它也可能会阻碍经济增长(Jorgenson W D and Wilcoxen J P,1990)。

在探讨生态环境规制与生态经济之间的关系的过程中，产生了很多新的理念和构思，如生态足迹、生态工业园以及生态城市、碳排放权交易和生态补偿制度等。William Rees（1992）提出生态足迹的概念，其学生Wackernagel. M（1996）对生态足迹进一步完善，指出生态足迹能够实现持续地提供资源或吸收废弃物、具有生物生产力的空间，之后有一部分学者对如何制定维护生态足迹的政策展开了探索。美国克莱蒙特研究生大学终身教授John B.Cobb（2007）指出，为了追求生态与经济的平衡发展，人类的发展模式应当从改变或改善我们看待世界的方式和视角开始，从而回归到合乎生态环境的实践方式中来。Andrews Oberheitmann（2011）指出碳排放权和碳排放权交易可以帮助我们实现低碳发展和绿色发展道路，新兴工业国家可以依据碳排放权和碳排放权交易对环境实施规制。

中国理论生态经济学起始于对生态经济的内涵、特征和建设规律等问题的探索，进而发展为可持续发展经济学、资源生态经济学、产业生态经济学和区域生态经济学等分支，而后又进入对制度设计的探索阶段，侧重研究与社会主义市场经济相适应的生态制度的研究，如沈满洪（2005）的《绿色制度创新论》等。也有个别学者研究生态经济学中的微观主体，赋予了经济人"生态经济人"的新的身份（Li H and Sun D，2014；刘家顺、王广凤，2007），对生态经济人展开了纯理论的探索，但相对其他方面来说，立足于微观主体个人的研究相对罕见。

（二）生态经济人综述

生态经济学研究取得了许多突出的成就。在理论层面上，Park和Burgess（1921）首先运用"生态承载力"来指出资源和环境对生产活动的

承载力是有限的。到了 20 世纪 60 年代末，美国经济学家肯尼思·博尔丁
（Kenneth Ewart Boulding）正式提出了"生态经济学"的概念（宋德勇、杨
柳青青，2017）。1989 年，英国经济学家大卫·皮尔斯（Pearce）在他的《绿
色经济蓝图》（*Blueprint for a Green Economy*）中首次提出绿色经济，其后，
皮尔斯等（1990）联合出版《自然资源和环境经济学》（*Economics of natural
resources and the environment*）并提出"循环经济"，他主张建立一种"可持
续的经济"（sustainable economy），利用科技让资源重复使用（宋德勇、杨
柳青青，2017）。然而，关注生态人的研究较少，把生态人和经济人结合起
来的研究更少。

不同于其他学科，经济学是一门相对包容的学科（马姗伊，2008），它可
以包容不同的甚至是相对立的观点。亚当·斯密（Adam Smith，1776）第一
次在他的经济分析中引入了个人因素。他把个人追求自身利益的动机和行为
作为经济分析的重要依据，揭示了经济人的行为与整个社会富裕程度的关系。
但对于经济人的具体定义，亚当·斯密并没有给出确切的说法。关于"经济
人"一词的来历存在着不同争议，目前被广泛接受的"经济人"定义，是由
意大利经济学家帕累托提出来的（马姗伊，2008）。尽管确切提出"经济人"
的人在学术界仍然存在争议，但是经济人假设已经成了整个经济学研究的基
石之一。

经济人的假设在历史上经历过多次相对激烈的讨论。这些讨论中有相当
大的比例是围绕"经济人是利己还是利他"展开的。亚当·斯密（1972）认
为每个人都是利己的，生活在社会上的人无一不心怀"自利的打算"。美国经
济学家凯里（1858）批判经济人的利己假设过于强调自身的经济利益。他认
为人除了追求自身的经济利益外，还存在很多种利益追求，社会经济的现实

情况往往比抽象出来的只顾自己的经济利益的经济人更加复杂和丰富，经济利益绝不是个人行动的唯一动机。门格尔（Menger，2001）认为，经济学假设并不是没有认识到经济人除追求自身利益之外还存在其他动机，然而经济人假设对经济人的行为进行抽象是必须的。在科学研究过程中，个人行为的分析无法做到面面俱到，只可能把与这种行为相关的现象抽象出来，而分析最基本的构成要素即个人的行为，对理解整个经济过程的本质和一般规律是必然的。凯恩斯（Keynes，2005）则认为，经济人的行为是受一种开明的自利动机激励，凭借着这种开明的自利动机，经济人自由活动，不侵害到旁人同样的自由。他强调由于科学分析的需要，经济人的自利是一种开明的自利动机，经济人的取财之道是通过公平合理的市场交换，符合社会规范。

针对经济人假设的不足，西蒙（Simon，1986）的有限理性和罗伯特·卢卡斯（Lucas，1981）的理性预期都对其作了重要的修正。他们认为，在现实中，人们不仅指生产者，还指消费者、家庭、政府和其他群体。不同的个人和组织有不同的实际利益。经济人追求的不再只是简单的物质得益，还明确地包括社会地位等不能纯粹用经济尺度来衡量的利益。经济人逐渐被赋予新的内容。随着人与自然的关系逐渐成为人类的共识（Worster D，1994；Grossman G M and Krueger A B，1995），经济人利益的定义已经超越了传统经济领域的定义，范围还拓展到生态领域并高度重视生态问题。经济人的利益不再仅指从经济中获得的利益，也指从生态环境中获得的利益。经济人进行假设已然包含如此丰富的内容，历史呼唤着对经济人进行新的诠释，"生态经济人"的概念便应运而生了。

生态经济人是经济人的衍生，他是一个行动受制于社会、经济和生态的综合效益的经济人。王广凤（2007）指出，"经济人"（企业）对经济利益的贪欲导致了污染物排放日益恶化的问题，结合社会发展的现实基础，提出了"生态经济人"假设，认为"生态经济人"假设能够更好地解决排污问题。值得说明的是，由于"生态经济人"是一个比较新的概念，也有的学者在研究中把"生态经济人"称为"生态人"。如张丽红（2007）在其论文中提出了"生态人"，她认为人的素质失衡是导致生态失衡的最根本原因。出于构建生态文明的需要，人类需要塑造拥有新的自然价值观、发展观和消费观的生态人。Li Huilan 和 Sun Daojin（2014）界定了"生态人"的概念和特征，认为生态文明的发展正在加速建立新型的生态人人格模式。生态人是适应当代生态文明诉求的经济人。尽管学者们对"生态经济人"的称呼不一致，但在本质上，两者的定义方式是一致的，他们认为的生态经济人都是一个统一于生态、经济和社会的个体。学者们的研究表明，"生态经济人"理论的确立具有重要的理论意义和实践意义，面对当前形势，建立"生态经济人"显得尤为迫切。然而，这些学者都集中在纯理论讨论"生态经济人"，缺乏对"生态经济人"的量化分析。本书尝试用数学方法进一步界定和发展生态经济人，研究生态经济人的行为。

（三）生态经济实证方法综述

实证方法特别是计量经济学的发展，为生态经济学的发展提供了广阔的空间，也使得生态经济学的研究变得丰富和生动起来。从1969年诺贝尔经济学奖开始颁奖到现在，计量经济学受到多届的青睐，经济科学在经济行为的数学规范化和统计定量化的方向上飞速发展。同样地，沿着这种路线，生态经济学与计量经济学的结合使得生态经济学的研究摆脱了较为模糊、较为文学的研究模式，富有更多的可能性和科学性。

计量经济学的发展又可分为两类，一类是描述性计量经济学（基于数据）的发展，另一类是结构计量经济学（基于经济理论）的发展。描述性计量经济学主要包括时间序列数据、截面数据、面板数据和空间面板数据的处理等计量方法，除描述性计量经济学之外的与经济学相结合的计量经济学可以统称为结构计量经济学。

1. 描述性计量经济学的应用

随着时间的推移，时间序列数据、截面数据、面板数据和时空面板数据建模与分析等大量计量方法层出不穷。计量经济学的发展使得生态经济学的研究可以控制个体的异质性，可以科学地避免因为异质性给研究结果带来偏差的影响，同时可以包含更多的信息、更大的变异，使得研究具有更大的自由度以及更高的效率。它使得生态经济学理论的研究不只停留在静态层面上，还可以研究动态效果，预测实施生态环境规制政策效果的大小，政策效果的持续期以及各项指标对政策效果的调整速度。当然，计量经济方法的应用也有其局限性，包括调查设计和数据收集不全面，测量误差的扭曲，覆盖面不全，时间维度较短等。

计量经济学作为研究方法的使用，使得生态经济学的研究具有更多的可能性。Cooper 等（1998）应用有序响应离散选择模型，预测了不耕种意愿下的生态补助标准。维克多，巴克等（2012）提出了一种新的模拟计量经济模型框架，该框架具有凯恩斯主义特性，可以包含各种各样的环境问题。布罗克、卡彭特（Brock and Carpenter，2012）通过检验生态系统时间序列数据的条件方差和扩散函数，对环境不确定背景下的生态经济稳态预警方法进行探索，识别生态环境稳态转换的临界点。部分学者通过全国范围、省域尺度乃至地市级尺度的时间序列分析，研究环境库兹涅茨曲线。如李锴、齐绍洲

（2011）通过利用"环境库兹涅茨曲线（EKC）假说"引入贸易开放相关变量研究贸易对碳排放的影响；随着描述性计量的发展，面板数据得到了广泛引用，计志英、毛杰、赖小锋（2015）利用中国省级面板数据，通过三阶段最小二乘法考察了环境污染对中国 FDI 的影响效应。

2. 结构计量经济学的应用

作为描述性计量经济学的拓展，结构计量经济学的应用得到了更多经济学家和学者的青睐。结构计量经济学的应用，为生态经济学各种指标体系的设计并进行综合评价提供了许多便利。自 1972 年世界环境大会提出可持续发展，号召人类关注生态环境以来，各国政府机构、综合性组织和广大学者对于如何实现经济增长与生态环境的平衡发展进行了大量研究，并且设计出了一套又一套的评价体系。经济合作与发展组织、联合国可持续发展委员会、世界可持续发展工商理事会、世界经济论坛以及南太平洋应用地球科学委员会都各有一套评价生态经济的系统。帕里斯（1999）修正了自然资本的消耗，用绿色核算（GNNP）计算收入。Nicolas Moussiopoulos 等（2010）建立了一套体系评估城市的可持续发展情况，构建人类作用主体与生态环境的关系的一系列相关指标体系。

除了评价指标体系的设计，结构计量经济学还广泛应用于生态经济研究的其他方面。加拿大生态经济学家威廉姆（Williame，1996）提出了生态足迹，反映地区生态环境承载能力关系的定量方法终于产生。彭水军、刘安平（2010）应用开放经济系统的环境投入—产出模型，利用中国 1997—2005 年的环境污染数据，测算了对外贸易主要污染物进出口含污量和污染贸易条件对中国环境的整体影响和相对影响。盛斌、吕越（2012）在 Copeland-Taylor 模型的基础上引入技术因素，衡量 FDI 进入程度与污染排放的关系。林伯强等（2012）通过动态 CGE 模型分析从价煤炭资源税对宏观经济成本的影响及中国资源税改革的意义。雷扎伊、泰勒、梅希勒（Rezai，Taylor and Mechler，2013）提出并证明了研究消费、投资与气候变化的关系的宏观经济理论和建模方法。Naqvi（2015）为研究经济增长、分配公平和环境保护三种目标之间的关系，将供给侧驱动变成了需求驱动，发展了一个封闭经济内一致的宏观存量——流量模型。林伯强、李江龙（2015）基于环境治理倒逼能源结构变化的事实，利用马尔科夫转移机制构建包含环境治理的中国能源综合预测框架，研究环境治理约束下的中国能源结构转变。达弗莫斯等（Dafermos et al.，2017）通过建立 stock-flow-fund 生态宏观经济模型，引入金融体系分析了复杂的生态系统、金融体系和宏观经济之间的相互作用。结构计量经济学被广泛应用于生态经济学的污染物分析、生态足迹、公平分配和金融体系等各个领域。

### 3. 博弈论的应用

生态经济学研究方法的应用，除了计量经济学之外，还有博弈方法的使用。作为经济学和生态学的跨学科新兴综合性学科，生态经济学主要由生态系统和经济系统两大系统构成，两大原本复杂的系统之间的交叉重叠使得人类经济活动与生态之间的交互作用显得更为复杂，研究人类经济活动与生态之间的平衡、发展规律以及宏微观生态环境规制等内容可以借助博弈方法来实现。博弈方法的引入也使得生态经济学的模型研究变得更加生动有趣。

20 世纪 20 年代，Lotca-Volterra 种间竞争模型对生态经济系统间的博弈研究起到了非常好的推动作用（肖忠意，2017）。其后，Tilman（1982），Pacala 和 Tilman（1994）等一大批学者进一步发展了相关理论，提出了"基于资源的模型"（Resource-based Model）。早期的博弈研究围绕纳什均衡展开。一些学者如卡彭特，布罗克等（1999）最初假设多个群体共有一个湖泊的使用权，分析探索各个群体的博弈者针对自己的得益如何处理向湖泊中排放污染物，以及社会如何进行最优管理以控制污染物的排放。作为生态经济学中博弈运用的典型代表，布罗克和他的合作者们提出了一系列运用博弈进一步深化研究生态经济学的理论框架。例如，布罗克（2002），德泽乌（De Zeeuw，2002）丰富了重复博弈理论在生态经济学中的应用，同时和泽帕帕迪斯（Xepapadeas）以基于资源的模型为研究框架，揭示了在完全自然状态、私人最优和社会最优三种不同状态下，多物种生态系统的经济最优控制管理路径的不同（Brock WA and Xepapadeas A，2002a，2002b）。此后，布罗克等更是进一步借助博弈演化理论中的偏微分方程空间分配系统模型的思路，对生态经济的研究延伸到耦合空间稳健性的识别上（Brock WA，Xepapadeas A and Yannacopoulos N A，2014a，2014b）。

相比描述性计量经济学与结构计量经济学角度的研究，博弈论在中国生态经济学的应用较为薄弱。像其他学科的研究一样，博弈论的应用是国内很多研究的薄弱点，但这也为博弈论的进一步应用留下了更大的空间。

（四）评论与展望

近几年，生态经济学的研究得到诸多经济学家和学者的青睐，生态经济学领域出现了很多崭新的探索空间，如生态足迹、生态补偿等。在此背景下，生态经济学作为一门新兴的跨领域学科借助对宏微观经济学、描述性计量经济学、结构计量经济学和博弈论等方法的吸收和批判而日益成长，与此同时，生态经济学还与伦理学、政治学等其他学科领域交叉发展。生态经济学的理论研究不断推陈出新，对生态系统、经济系统以及生态环境规制等领域的研究日趋深入，但是对生态经济学的微观主体，即生态经济个体的研究略显不足。个体作为生态经济系统中的生态经济人,他们的行为和决策对生态和经济系统有内生性的影响。作为生态经济系统的微观主体,一切经济水平与福利的测量只能以生态经济人个体的满意程度为标准,而生态经济学最根本的仍然是生态经济人与自然之间关系的体现。细致化生态经济学的研究对象到生态经济人个体,既兼顾了个体与社会,也兼顾到了个体与自然之间的关系,生态经济人才是符合生态经济学发展的更为科学的研究对象。因此,可以关注生态经济人个体与社会和自然的互动规律及形成机理研究,这些可能为生态经济学理论研究的创新点提供思路。

作为生态经济学研究的方法,描述性计量经济学的应用也逐渐走到空间面板计量经济学的前沿,利用空间面板数据 PSSSVAR 模型等分析环境与经济之间的关系,甚至考虑时变系数模型,能更真实地捕捉生态与经济之间在时间和空间上的互动关系。相比描述性计量经济学,结构计量经济学的应用由于其更灵活的特点,预期将成为研究的主流。从早期的投资、消费等宏观经济学模型的应用,到后来 CGE 模型、DSGE 模型和变形 MS-DSGE 等的应用,结构计量经济学的使用愈发成熟,DSGE 模型以及它的变形 MS-DSGE 等模型使得寻找生态系统和经济系统的平衡结果更有说服力。更遑论神经网络学、大数据研究和算法等大量数学方法的兴起,相比于传统的计量经济学,结构计量经济学在生态经济学中的应用空间更为宽广。

作为诺贝尔经济学奖的宠儿之一,博弈论的研究虽然在国外相对成熟,但是博弈方法的应用仍然有很大的研究空间。博弈方法与描述性计量经济学和结构计量经济学的结合应用可以提高博弈研究的深度,未来的研究重点之一可能是博弈论与实证研究的结合。尤其在中国,有关博弈论的研究成果并不丰富,这就使得博弈论的研究具有更大的发展潜力,这种潜力又会进一步拓展、丰富和深化生态经济学。在博弈方法的使用上，本书除了对博弈状态进行动态和静态分析，还利用博弈方法寻找出了粗糙集的上确界和下确界，这种研究方式也是对博弈研究方法的一种补充。

## 三、研究方法与结构安排

本书通过使用多种实证方法对生态经济人进行多角度的深入研究，篇章结构安排如下。

第一章绪论，旨在阐明本书的选题背景、提出所要研究的问题及其理论和现实意义。指出本书选题的思想缘起和研究意义，对研究问题从纵向发展角度和实证分析角度进行研究综述并述评。本章指出了生态经济人的研究对当前生态问题的重要性和环保行动的迫切性，阐述了生态经济学研究的发展史，介绍中国当前的研究进展，介绍本书的研究思路以及结构安排。

第二章生态经济人及其身份识别，介绍生态经济人的由来，厘定生态经济人的定义，生态经济人身份的定义，利用粗糙集方法对生态经济人的身份进行数理上的界定，寻找生态经济人的身份识别方法。利用国家发改委公布的绿色发展指标体系构建生态经济人指标体系，计算全国各地区生态经济人的收益和成本支付。

第三章生态经济人契约及契约履行，厘定生态经济人契约的内涵，提出假设条件，建立静态和动态博弈寻找积极环保和消极环保型生态经济人的上、下确界，对生态经济人的身份和契约履行进行识别。本章把粗糙集和博弈方法结合使用，利用博弈方法寻找粗糙集的上、下确界。博弈方法的使用条件包含了生态经济人是否独立或相互依赖，污染物是否同质或异质等不同状况，并且假设这些状况会相互转变，转变规律符合马尔科夫转移机制。

第四章生态经济人契约履行内因测算。生态经济人在环保行动中付出自身的努力是生态经济人契约履行的内因。利用绿色发展指标体系构建生态经济人环保行动中付出努力的指标体系，量化努力的具体数值。除此之外，本章还利用邻域粗糙集方法计算了中国东部、中部和西部地区生态经济人努力水平中各个属性的重要程度，并用粗糙集和遗传算法的粗糙集方法对测算结果做了稳健性检验。

第五章生态经济人契约履行内外因实证分析。生态经济人契约履行的影响因素划分为内因和外因两个部分。本章把生态经济人契约履行的内因和外因结合起来，利用中国 30 个省、直辖市、自治区 ① 的面板数据对生态经济人契约履行做了实证分析。生态经济人契约履行的内因是指生态经济人自身在环保行动中付出的努力，外因是指依据 IPAT 等系列模型的结论划分的财富、人口和技术三大因素。其中，鉴于隐性经济规模在中国是不可忽视的事实，隐性经济规模作为财富因素之一加入模型进行分析。

第六章基于气候的生态经济人规制有效性检验——碳排放权交易。加入政府作为第三方因素，以碳排放权交易政策为例，基于气候对生态经济人规制的有效性进行检验。从第二章和第四章的结论可以得出，废气污染造成的气候问题是生态经济人当前面临的主要生态问题之一。本章基于气候方面的政策，鉴于中国经济发展过程中政府规制的特点，把政府规制作为外生变量，选取碳排放权交易这一生态规制的典型政策，分析碳排放权交易的实施效果。本章结合使用合成控制法和断点回归分析法，合成控制法从基于反事实的视角分析了碳排放权交易，为断点回归分析确认了由于政策的实施引起的断点的存在；而断点回归分析为政策的实施提供了因果推断。合成控制法和断点

---

① 由于数据缺失，本书未包含西藏自治区、香港特区、澳门特区和台湾地区。

回归的结合弥补了反事实效果难以被验证以及政策实施效果因果分析难以被估计的不足。

第七章基于水体等的生态经济人规制有效性检验——生态补偿机制。以生态补偿机制为例，基于水体保护、森林保护和自然保护区保护等方面对生态经济人规制的有效性进行检验。与第六章一样，本章加入政府作为第三方因素，利用 IPAT 系列模型作为构建模型变量的理论基础，应用合成控制法和断点回归相结合的方法检验了长三角地区生态补偿机制的实施效果以及效果的持续性。为了使得分析结果更为稳健，本章进一步借助了安慰剂检验以及 Bootstrap 安慰剂检验验证结果的可靠性。模型结论表明，长三角地区生态补偿机制的实施是有效的，适度的政府规制可以降低生态环境污染。

第八章基于全国范围的生态经济人规制有效性检验。本书第六章和第七章分别以某个地区或者某个区域的某项规制政策作为研究对象，基于气候或者水体、森林和自然保护区等方面检验生态经济人规制的有效性。本章以全国范围的生态经济人作为研究视点，检验政府规制的有效性。政府规制既可以直接影响生态经济人是否选择环保行为，也可以通过影响隐性经济间接影响生态经济人。选取政府规制作为调节变量，构建被调节中介模型，检验年度的政府规制是否有效。此外，鉴于中国近几十年地区生产总值增长率出现断点的情况，本章进一步拓展了被调节中介模型的使用，首次提出了存在断点条件下的被调节中介模型，应用面板数据分析了生态经济人规制是否有效。

第九章生态经济人规制建议。生态经济人规制是一把双刃剑，规制能否起到积极作用主要依赖于相关举措能否通过既定的制度框架得以实施。本书从内因和外因两个维度分析如何对生态经济人进行规制并提出规制方法和机制设计，为中国生态经济人规制政策的调控提供更加具体且有针对性的政策建议。管理者可以通过分地区、分级别限制排污量、制定排污标准、对污染行为征税以及进行生态补偿等手段，促进生态经济人选择积极环保行为。此外，管理者应敦促企业建立资源节约型、环境友好型的生态企业，规范和引导隐性经济的发展，帮助生态经济人建立科学完善的生态自然观是规制生态经济人行为的最有效选择。

第十章结论。本章总结本书的主要研究结论，并指出研究的创新和不足之处，以及本书的研究展望。

本书的逻辑框架如图 1.1 所示。

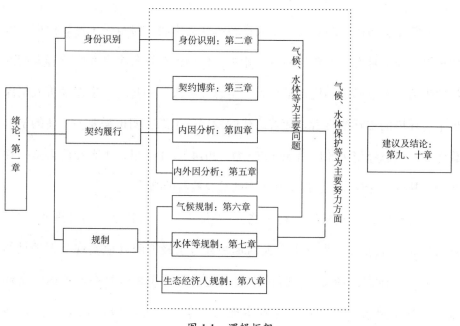

图 1.1　逻辑框架

# 第二章　生态经济人及其身份识别

## 一、生态经济人内涵

随着经济和社会的发展，个人在经济社会中的经济身份（比如信用）愈加重要。经济身份与消费信用息息相关，信用记录在各个方面影响着人们的日常生活。本章通过类比，赋予人"生态经济人"的身份。生态经济人是保护生态环境的实际执行者。随着时代的发展，生态文明也需要一个新的学科载体——生态经济人（Li H and Sun D，2014）。在这里，生态经济人是一种行为，其行为受到社会、经济和生态的综合效益的制约。

生态经济人是经济人的衍生物。"经济人"不仅利己，而且理性。"经济人"是一个被假定为寻求个人满足并致力于最大限度地实现个人满足的人（亚当·斯密，1972）。"经济人"的假设常被用来解释在不考虑生态环境的情况下追求经济利益而导致出现的一系列生态问题。事实上，"经济人"在生态保护中虽有消极意义，但也有积极意义。只要一个经济人把自己的经济利益和生态利益结合起来，他就成了一个理性的生态经济人，他可以在对生态环境负责的同时，追求自身利益的满足，这将有利于生态的可持续发展。生态经济人是具有生态伦理素质和生态环境意识的理性人，在寻求自身利益时，可以选择保护生态环境的方式。生态经济人可分为积极环保和消极环保两类。积极环保型生态经济人是保护生态环境，与自然和谐、友好和平等相处的人。消极环保型生态经济人只追求自身利益的最大化，忽视其对生态环境的潜在负外部性，因而很可能会破坏后代的生存和发展环境。

生态经济人的概念有效地整合了经济、生态和社会的系统，并充分重视微观个体的决定作用。此处，生态经济人被认为是泛化的。亚当·斯密提出的经济人只指经济主体。随着时间的推移和理论的发展，经济人主体的范围不断泛化。经济人主体既包括了经济主体，也包括了家庭及政府公职人员等非经济主体。美国芝加哥大学的贝克尔（Becker，2015）认为社会上活动的所有个人都是经济人的延伸，他把经济人主体的活动范围扩展到家庭内部、政治等所有领域，构建了庞大的"经济学主义帝国"。经济人已经被扩展为社会上所有的人，追求自身利益的最大化本性也被扩展为所有人的本性。经济人泛化扩大了经济人理论应用的视角。为了能抽象出生态经济人的本质和发展规律，本书假定生态经济人也是泛化的。

生态经济人的提出具有重要的理论意义和现实意义。"生态经济人"的提出不是为了标新立异，而是现实社会经济状况和人类可持续发展的要求使然，旨在克服"经济人"假设本身存在的固有缺陷（刘家顺、王广凤，2007），它是历史和时代发展的产物，明确指出人类既受益于经济系统又同时受益于生态系统。很明显，自然生命是人之所以存在的物质载体，作为生物存在体，人源于自然、生长于自然，最终又会回归自然。人从生态环境中获取各种生存元素，并致力于改变人类的生活方式，提高人类的体力、智力和道德标准等，从而反过来作用于生态系统。生态系统是人之所以存在的不可或缺的因素，倘若生态系统遭到破坏，必然危及"经济人"自身的存在。

## 二、生态经济人身份识别

### （一）粗糙集

粗糙集由波兰华沙理工大学教授帕瓦克（Pawlak，1982）提出，具有不依赖样本数据之外的先验知识而真实反映数据本身所隐藏的信息、揭示潜在规律的独特优势（Pawlak Z，2004；毛太田、肖铜、邹凯，2014）。定义 $S = (U, A, V, f)$ 是一个决策表，其中 $U = \{u_1, u_2, ..., u_n\}$ 是一个非空、有穷的个体集合，$A$ 是属性集合，$f : U \times A \to V$ 为映射函数。对于属性 $a \in A$，有 $a : U \to V_a$，$V_a$ 为属性 $a$ 的值集，集合 $V = \bigcup_{a \in A} V_a$ 为属性集合 $A$ 的值域。在决策表 $S$ 中，$\forall X \subseteq U$ 且 $X \neq \varnothing$，则定义集合 $X$ 在属性集 $B \subseteq A$ 上的下近似划分集 $\underline{B}(X)$：$\underline{B}(X) = \left\{ u_i \in U \middle| [u_i]_B \subseteq X \right\}$ 和上近似划分集 $\overline{B}(X)$：$\overline{B}(X) = \left\{ u_i \in U \middle| [u_i]_B \bigcap X \neq \varnothing \right\}$。

粗糙集作为一个强大且高效的处理不确定性的工具，被应用到许多涉及不确定信息及数据集的实际问题中。它在数据分析和数据挖掘中得到了广泛的应用（Yao Y，1998；Radzikowska A M and Kerre E E，2002），在其他挖掘不确定信息方面也十分流行（Bodjanova S，1997；Swiniarski W R and Skowron A，2003；Liu Z G，et al.，2014）。事实上，在数据挖掘、决策分析、智能控制领域，粗糙集都能大展身手。相比其他处理不确定性问题的数学工具，粗糙集具有许多优势。首先，粗糙集不需要提供任何先验信息就可以获得数据之间的相关性。其次，它不需要隶属度和概率赋值信息。最后，粗糙集还可以填补遗失数据，利用数据约简特性对数据集进行降维处理和分类规则整理。相比于其他数学工具，粗糙集在处理不确定信息方面显得更为客观。它可以与其他数学工具结合，更为广泛地应用到解决现实生活问题上。

（二）身份识别

粗糙集可用来对生态经济人身份进行归类并做出识别。将粗糙集计算方法引入生态经济人身份的识别中，可为生态经济人身份的识别提供更为科学有效的数理评价方法。

依据生态经济人个体在生态环境中的行为，可以将其划分为积极环保型生态经济人和消极环保型生态经济人两大类别。一个理性经济人是否选择积极环保行为取决于他的预期得益。定义 $S=(U, A, V, f)$ 是一个生态经济人身份识别决策表，$U=\{u_1, u_2, ...., u_n\}$ 是某一时刻的生态经济人个体的集合，很显然，这个集合是非空而且有穷的，生态经济人的个体虽然有很多，但个数仍然有限；$A$ 是生态经济人的属性，依据生态经济人在生态中的行为选择，分为积极环保和消极环保两类，$f: U \times A \to V$ 为生态经济人映射函数，以个体的收益支出状况判断映射状况。在决策表 $S$ 中，$\forall X \subseteq U$ 且 $X \neq \varnothing$，则定义集合 $X$ 在属性集 $B \subseteq A$ 上的下近似划分集 $\underline{B}(X)$：$\underline{B}(X)=\left\{u_i \in U \middle| [u_i]_B \subseteq X\right\}$ 和上近似划分集 $\overline{B}(X)$：$\overline{B}(X)=\left\{u_i \in U \middle| [u_i]_B \cap X \neq \varnothing\right\}$，下近似划分集 $\underline{B}(X)$ 作为生态经济人某种群体的下确界，表示符合这种界定的群体严格隶属于某种生态经济人群体；代表群体严格上近似划分集 $\overline{B}(X)$ 作为生态经济人某种群体的上确界，符合这种界定的群体隶属于某种生态经济人群体，但是并非所有个体都严格隶属于这种生态经济人群体。

（三）身份识别假设条件

现实世界中，上、下确界的条件比较不容易确定，为了更准确地定义积极环保型生态经济人和消极环保型生态经济人，需要有如下假设条件。

（1）一个生态经济人是理性的。他根据自己的预期得益做出决策。预期得益包含收益和成本两部分，即生态经济人的收益扣除成本就是他能从生态环境里获得的得益总和。理性的生态经济人将会把他从生态环境中获得的得益最大化，使得他的效用最大化。

（2）由于在实际生活中，不同地区的经济、政策和人口因素等情况不同，生态经济人具有不同的收益和成本。将生态经济人按其利益在一定区域内高于或低于平均水平分为积极环保型生态经济人和消极环保型生态经济人两类。

（3）有关研究结果表明，反映系统规模大小的社会经济指标，其分布的不均匀性可以用对数正态分布函数来描述（成邦文 等，2000；成邦文、石林芬、杨宏进，2001；成邦文、师汉民、王齐庄，2003）。成邦文及其合作者早在 2001 年就证明，研究对象的产出和效益等大小的数据近似服从正态分布规律。由于中国各省、直辖市、自治区的人口大多在 1 000 万以上，样本规模足够大，可以假定各地区生态经济人的收益和成本对数值呈现出正态分布特征（证明见附录 A）。如果需要进一步计算每个生态经济人的收益和成本，则可以用正态分布函数来模拟。但在本书的数据分析里面，由于无法获取各个生态经济人个体的具体数值，而地区的总值是地区内生态经济人活动的总值，利用地区的总值分析不会改变最终结论。因此，本书利用整个区域的总值来讨论该区域的生态状况。

（四）身份识别实证分析

根据本章假设条件（1），生态经济人根据他的预期得益（即收益减去成本）选择成为积极环保型生态经济人或者消极环保型生态经济人。由于生态经济人得益难以被量化，故本书应用指数法测度。指数法是通过建立指标体系并综合各种指标信息构建出的指数，它是测度指标的主要方法之一。生态经济人涉及生态和经济两大系统，基于两大系统的共生性，生态经济人的内涵包括了环境的治理和保护、资源的利用、绿色财富的积累、人民生活条件的提升等。其中，环境的治理和保护包括了"三废"的治理和森林、耕地、水土的保护等，资源的利用包括了能源消费和利用、地表水及生活水的使用等。绿色财富的积累衡量生态经济人的经济状况，包括人均 GDP 增长率、居民人均可支配收入等。生态经济人生活条件的提升主要通过绿色出行情况、自来水使用情况等进行度量。鉴于生态经济人涵盖的指标信息，为了构建指标体系测算生态经济人的收益和成本，本书借鉴了 2016 年国家发展和改革委员会公布的《绿色发展指标体系》（郝淑双、朱喜安，2019），根据数据可得性对原有指标进行适当调整，构建中国特色的生态经济人收益和成本评价指标体系。

按照《绿色发展指标体系》，本书将指标划分为资源利用、环境治理、环境质量、生态保护、增长质量和绿色生活六类，并根据《绿色发展指标体系》的权重重新计算各个指标的权重（由于人民生活满意度指标数据缺失，所以其权重以平均加权法的形式分摊到剩余指标上）。表 2.1 展示了生态经济人收益和成本评价指标体系的结果。为了计算生态经济人的收益和成本，将指标分为收益和成本支付两类。$C$ 表示变量可以归类为成本支付，而 $I$ 代表变量可以归类为收益。

表 2.1　生态经济人收益和成本支付评价指标体系

| 一级指标 | 二级指标 | 计量单位 | 权重 | I/C |
|---|---|---|---|---|
| 资源利用（权数 =29.3%） | 能源消费总量 | 万吨标准煤 | 2.25 | C |
| | 单位 GDP 能源消耗降低 | % | 3.39 | I |
| | 单位 GDP 二氧化碳排放降低 | % | 3.39 | I |
| | 用水总量 | 亿立方米 | 2.25 | C |
| | 万元 GDP 用水量下降 | % | 3.39 | I |
| | 单位工业增加值用水量降低率 | % | 2.25 | I |
| | 耕地保有量 | 亿亩 | 3.39 | I |
| | 新增建设用地规模 | 万亩 | 3.39 | C |
| | 单位 GDP 建设用地面积降低率 | % | 2.25 | I |
| | 综合能耗产出率 | 万元 / 吨 | 2.25 | I |
| | 一般工业固体废物综合利用率 | % | 1.10 | I |
| 环境治理（权数 =16.5%） | 化学需氧量排放总量减少 | % | 4.12 | I |
| | 氨氮排放总量减少 | % | 4.12 | I |
| | 二氧化硫排放总量减少 | % | 4.12 | I |
| | 生活垃圾无害化处理率 | % | 2.74 | I |
| | 环境污染治理投资占 GDP 比重 | % | 1.40 | I |
| 环境质量（权数 =19.3%） | 空气质量优良天数比率 | % | 4.43 | I |
| | 省会城市 PM10 浓度下降 | % | 4.43 | I |
| | 地表水达到或好于 Ⅲ 类水体比例 | % | 4.43 | I |
| | 近岸海域水质优良（一、二类）比例 | % | 2.95 | I |
| | 单位耕地面积化肥使用量 | 千克 / 公顷 | 1.53 | C |
| | 单位耕地面积农药使用量 | 千克 / 公顷 | 1.53 | C |
| 生态保护（权数 =16.5%） | 森林覆盖率 | % | 6.18 | I |
| | 森林蓄积量 | 亿立方米 | 6.18 | I |
| | 自然保护区占辖区面积比重 | % | 2.07 | I |
| | 新增水土流失治理面积 | 万公顷 | 2.07 | I |
| 增长质量（权数 =9.2%） | 人均 GDP 增长率 | % | 2.30 | I |
| | 居民人均可支配收入 | 元 / 人 | 2.30 | I |
| | 第三产业增加值占 GDP 比重 | % | 2.30 | I |
| | 研究与试验发展经费支出占 GDP 比重 | % | 2.30 | I |
| 绿色生活（权数 =9.2%） | 绿色出行（城镇每万人口公共交通客运量） | 万人次 / 万人 | 2.30 | I |
| | 农村自来水普及率 | % | 4.60 | I |
| | 农村卫生厕所普及率 | % | 2.30 | I |

注：近岸海域水质优良比例指标涉及辽宁、河北、天津、山东、江苏、上海、浙江、

福建、广东、广西和海南 11 个省、直辖市、自治区；由于数据缺失，本书未包含西藏自治区、香港特区、澳门特区和台湾地区；由于数据缺失，新增水土流失治理面积不包括上海市。

收集全国 30 个省、市和自治区[①] 的指标共 13 860 个数值，数据起始年限为 2003—2016 年[②]，数据来源于《中国生态环境状况公报》《中国近岸海域环境质量公报》《中国林业统计年鉴》《中国能源统计年鉴》和中国各省市统计年鉴等（缺失的个别数据采用回归替换法插补）。

其中，值得说明的是，碳排放量数据是经过测算后得出的。本书借鉴陈诗一（2009）的做法，将能源标准煤系数转化为中国能源热量的度量单位，各种能源的二氧化碳排放系数如表 2.2 所示。

表 2.2　各种能源的二氧化碳排放系数

单位：t 碳 / t 标准煤

| 能源种类 | 原煤 | 原油 | 天然气 |
|---|---|---|---|
| 二氧化碳排放系数 | 2.763 | 2.145 | 1.642 |

注：陈诗一.能源消耗、二氧化碳排放与中国工业的可持续发展［J］.经济研究，2009，4：41-55.

由于各个指标量纲不同，采用取极值的方法对各个指标进行标准化处理，计算公式为 $x^*_{ij} = (x_{ij} - m_j) / (M_j - m_j)$。其中 $M_j = \max\limits_i \{x_{ij}\}$，$m_j = \min\limits_i \{x_{ij}\}$，$j$ 表示某个地区，$i$ 表示某一年。$x_{ij}$ 是某年某地区的指标值。$x^*_{ij}$ 是 $x_{ij}$ 标准化后的数值。然后用加权平均法进一步计算。加权平均后的新指标值为 $x^*_{ij}$ 与指标权重的乘积。

---

① 由于数据缺失，本书未包含西藏自治区、香港特区、澳门特区和台湾地区。

② 由于本书涉及指标较多而能搜集的数据涵盖的时间有限，部分地区的部分数据，如四川省的三废排放数据、环境污染治理投资等目前能搜集到的数据只能截至 2016 年，所以本书的研究起始年限为 2003—2016 年。

根据表 2.1 中各指标的权重和相应数据，分别计算各地区不同年份生态经济人的平均收益和成本支付情况。$I$ 代表收益，$C$ 代表成本支付。再按照假设条件（2）定义的生态经济人属性进行身份识别。识别公式为：

积极环保型生态经济人（是）：当 $(I_{i,j} - C_{i,j}) \geqslant \dfrac{1}{14} \sum_{j=1}^{14} (I_{i,j} - C_{i,j})$

$$式（2.1）$$

消极环保型生态经济人（非）：当 $(I_{i,j} - C_{i,j}) < \dfrac{1}{14} \sum_{j=1}^{14} (I_{i,j} - C_{i,j})$

$$式（2.2）$$

表 2.3—表 2.10，展示了各个不同地区不同年份生态经济人的平均收益和成本支付情况。

表 2.3　各地区生态经济人收益和成本支付及身份识别（1）

| 年份 | 北京 | | | 天津 | | | 河北 | | | 山西 | | |
|---|---|---|---|---|---|---|---|---|---|---|---|---|
| | $I$ | $C$ | 身份 | $I$ | $C$ | 身份 | $I$ | $C$ | 身份 | $I$ | $C$ | 身份 |
| 2003 | 0.5569 | 0.2299 | 非 | 0.3479 | 0.0843 | 非 | 0.3759 | 0.3240 | 是 | 0.2470 | 0.1315 | 非 |
| 2004 | 0.5727 | 0.2446 | 非 | 0.4102 | 0.1005 | 非 | 0.3516 | 0.3449 | 非 | 0.2597 | 0.1471 | 非 |
| 2005 | 0.6546 | 0.2441 | 非 | 0.5278 | 0.1072 | 是 | 0.3743 | 0.3748 | 非 | 0.2110 | 0.1544 | 非 |
| 2006 | 0.6556 | 0.2470 | 非 | 0.5664 | 0.1136 | 是 | 0.3919 | 0.3949 | 非 | 0.2210 | 0.1661 | 非 |
| 2007 | 0.6831 | 0.2446 | 是 | 0.5694 | 0.1241 | 是 | 0.4206 | 0.4133 | 非 | 0.2893 | 0.1787 | 非 |
| 2008 | 0.7197 | 0.2482 | 是 | 0.6252 | 0.1367 | 是 | 0.4740 | 0.4229 | 是 | 0.2786 | 0.1821 | 非 |
| 2009 | 0.7301 | 0.2580 | 是 | 0.6179 | 0.1434 | 是 | 0.4754 | 0.4358 | 是 | 0.2821 | 0.1892 | 非 |
| 2010 | 0.7748 | 0.2659 | 是 | 0.5639 | 0.1533 | 是 | 0.5364 | 0.4494 | 是 | 0.3695 | 0.2032 | 是 |
| 2011 | 0.7647 | 0.2720 | 是 | 0.5480 | 0.1602 | 是 | 0.4144 | 0.4687 | 非 | 0.3599 | 0.2188 | 是 |
| 2012 | 0.6981 | 0.2753 | 非 | 0.6054 | 0.1651 | 是 | 0.5654 | 0.4717 | 是 | 0.3911 | 0.2368 | 是 |
| 2013 | 0.6830 | 0.2766 | 非 | 0.5150 | 0.1713 | 非 | 0.5718 | 0.4756 | 是 | 0.3505 | 0.2469 | 非 |
| 2014 | 0.7196 | 0.2821 | 是 | 0.4576 | 0.1777 | 非 | 0.5500 | 0.4882 | 是 | 0.4265 | 0.2497 | 是 |
| 2015 | 0.7490 | 0.2776 | 是 | 0.4586 | 0.1912 | 非 | 0.5678 | 0.5019 | 是 | 0.4279 | 0.2515 | 是 |
| 2016 | 0.6827 | 0.2755 | 非 | 0.6245 | 0.1981 | 是 | 0.5905 | 0.5048 | 是 | 0.5801 | 0.2525 | 是 |

表 2.4 各地区生态经济人收益和成本支付及身份识别（2）

| 年份 | 内蒙古 | | | 辽宁 | | | 吉林 | | | 黑龙江 | | |
|------|--------|--------|----|------|--------|----|------|--------|----|--------|--------|----|
| | $I$ | $C$ | 身份 | $I$ | $C$ | 身份 | $I$ | $C$ | 身份 | $I$ | $C$ | 身份 |
| 2003 | 0.2950 | 0.1570 | 非 | 0.5719 | 0.3140 | 是 | 0.3893 | 0.1401 | 非 | 0.4768 | 0.2647 | 非 |
| 2004 | 0.3802 | 0.1808 | 非 | 0.5335 | 0.3370 | 非 | 0.4088 | 0.1464 | 非 | 0.4871 | 0.2967 | 非 |
| 2005 | 0.3861 | 0.2106 | 非 | 0.5102 | 0.3303 | 非 | 0.3261 | 0.1563 | 非 | 0.4553 | 0.3141 | 非 |
| 2006 | 0.4293 | 0.2291 | 非 | 0.5359 | 0.3567 | 非 | 0.3527 | 0.1739 | 非 | 0.4945 | 0.3315 | 非 |
| 2007 | 0.4831 | 0.2509 | 非 | 0.5477 | 0.3803 | 非 | 0.4611 | 0.1844 | 非 | 0.5239 | 0.3495 | 非 |
| 2008 | 0.5299 | 0.2659 | 非 | 0.6045 | 0.4086 | 非 | 0.5010 | 0.2023 | 非 | 0.5614 | 0.3579 | 非 |
| 2009 | 0.5435 | 0.2861 | 非 | 0.5970 | 0.4217 | 非 | 0.4449 | 0.2159 | 非 | 0.5346 | 0.3861 | 非 |
| 2010 | 0.4523 | 0.3175 | 非 | 0.6059 | 0.4531 | 非 | 0.5403 | 0.2321 | 非 | 0.6884 | 0.4006 | 是 |
| 2011 | 0.6355 | 0.3756 | 非 | 0.6413 | 0.4667 | 非 | 0.5829 | 0.2450 | 是 | 0.3629 | 0.4127 | 非 |
| 2012 | 0.6667 | 0.3839 | 是 | 0.7210 | 0.4885 | 是 | 0.5928 | 0.2553 | 是 | 0.6993 | 0.4536 | 是 |
| 2013 | 0.8012 | 0.3487 | 是 | 0.7793 | 0.4684 | 是 | 0.7178 | 0.2606 | 是 | 0.8198 | 0.4359 | 是 |
| 2014 | 0.8018 | 0.3642 | 是 | 0.7706 | 0.4631 | 是 | 0.6576 | 0.2672 | 是 | 0.8480 | 0.4321 | 是 |
| 2015 | 0.7080 | 0.3595 | 是 | 0.7409 | 0.4794 | 是 | 0.6577 | 0.2651 | 是 | 0.8211 | 0.4336 | 是 |
| 2016 | 0.7773 | 0.3643 | 是 | 0.6639 | 0.4734 | 非 | 0.7484 | 0.3179 | 是 | 0.9378 | 0.4321 | 是 |

表 2.5 各地区生态经济人收益和成本支付及身份识别（3）

| 年份 | 上海 | | | 江苏 | | | 浙江 | | | 安徽 | | |
|------|------|--------|----|------|--------|----|------|--------|----|------|--------|----|
| | $I$ | $C$ | 身份 | $I$ | $C$ | 身份 | $I$ | $C$ | 身份 | $I$ | $C$ | 身份 |
| 2003 | 0.4168 | 0.3648 | 非 | 0.3915 | 0.5179 | 是 | 0.4838 | 0.3390 | 非 | 0.0640 | 0.2641 | 非 |
| 2004 | 0.4057 | 0.3610 | 非 | 0.4509 | 0.5975 | 是 | 0.5043 | 0.3589 | 非 | 0.2301 | 0.2800 | 是 |
| 2005 | 0.4294 | 0.4471 | 非 | 0.5238 | 0.6396 | 是 | 0.5395 | 0.3806 | 非 | 0.1497 | 0.2971 | 非 |
| 2006 | 0.5047 | 0.4502 | 非 | 0.5329 | 0.6727 | 是 | 0.5567 | 0.3833 | 非 | 0.1904 | 0.3225 | 非 |
| 2007 | 0.5656 | 0.4748 | 非 | 0.6220 | 0.7101 | 非 | 0.5875 | 0.4161 | 非 | 0.2571 | 0.3354 | 非 |
| 2008 | 0.5759 | 0.4853 | 非 | 0.6098 | 0.7374 | 是 | 0.6497 | 0.4359 | 是 | 0.2174 | 0.3782 | 非 |
| 2009 | 0.5530 | 0.4785 | 非 | 0.6567 | 0.7751 | 是 | 0.7009 | 0.4469 | 非 | 0.2951 | 0.4055 | 非 |
| 2010 | 0.5824 | 0.4797 | 非 | 0.6924 | 0.8112 | 是 | 0.7107 | 0.4730 | 非 | 0.3355 | 0.4219 | 非 |
| 2011 | 0.6017 | 0.4735 | 是 | 0.6628 | 0.8508 | 是 | 0.6104 | 0.4880 | 非 | 0.3013 | 0.4288 | 非 |

续表

| 年份 | 上海 | | | 江苏 | | | 浙江 | | | 安徽 | | |
|---|---|---|---|---|---|---|---|---|---|---|---|---|
| | $I$ | $C$ | 身份 | $I$ | $C$ | 身份 | $I$ | $C$ | 身份 | $I$ | $C$ | 身份 |
| 2012 | 0.6124 | 0.4658 | 是 | 0.7394 | 0.8830 | 非 | 0.7179 | 0.4858 | 是 | 0.4336 | 0.4436 | 是 |
| 2013 | 0.5529 | 0.4654 | 非 | 0.7056 | 0.9171 | 是 | 0.6575 | 0.5118 | 非 | 0.4683 | 0.4645 | 是 |
| 2014 | 0.6714 | 0.4693 | 是 | 0.7254 | 0.9442 | 非 | 0.6786 | 0.5164 | 非 | 0.5111 | 0.4595 | 是 |
| 2015 | 0.6339 | 0.4661 | 是 | 0.7731 | 0.9563 | 非 | 0.7691 | 0.4924 | 是 | 0.4500 | 0.4809 | 是 |
| 2016 | 0.7174 | 0.4605 | 是 | 0.8001 | 0.9768 | 非 | 0.8335 | 0.4876 | 是 | 0.5573 | 0.5106 | 是 |

表 2.6　各地区生态经济人收益和成本支付及身份识别（4）

| 年份 | 福建 | | | 江西 | | | 山东 | | | 河南 | | |
|---|---|---|---|---|---|---|---|---|---|---|---|---|
| | $I$ | $C$ | 身份 | $I$ | $C$ | 身份 | $I$ | $C$ | 身份 | $I$ | $C$ | 身份 |
| 2003 | 0.4716 | 0.2583 | 非 | 0.2430 | 0.1827 | 非 | 0.5220 | 0.4610 | 是 | 0.2306 | 0.3132 | 非 |
| 2004 | 0.5527 | 0.2630 | 非 | 0.3147 | 0.2179 | 非 | 0.5315 | 0.5024 | 非 | 0.2408 | 0.3491 | 非 |
| 2005 | 0.5761 | 0.2809 | 非 | 0.3487 | 0.2293 | 非 | 0.4882 | 0.5464 | 非 | 0.2720 | 0.3726 | 非 |
| 2006 | 0.6005 | 0.2894 | 非 | 0.3702 | 0.2353 | 非 | 0.5118 | 0.6003 | 非 | 0.2560 | 0.4119 | 非 |
| 2007 | 0.6879 | 0.3202 | 非 | 0.4049 | 0.2671 | 非 | 0.6634 | 0.5607 | 是 | 0.3698 | 0.4331 | 非 |
| 2008 | 0.6747 | 0.3293 | 非 | 0.4611 | 0.2778 | 非 | 0.6669 | 0.5908 | 是 | 0.3764 | 0.4655 | 非 |
| 2009 | 0.7064 | 0.3429 | 非 | 0.4644 | 0.2994 | 非 | 0.6579 | 0.6352 | 非 | 0.3364 | 0.4723 | 非 |
| 2010 | 0.7702 | 0.3658 | 是 | 0.5509 | 0.3171 | 是 | 0.7144 | 0.6614 | 是 | 0.4967 | 0.4736 | 是 |
| 2011 | 0.6860 | 0.3773 | 非 | 0.4755 | 0.3200 | 非 | 0.6427 | 0.7062 | 非 | 0.2981 | 0.5008 | 非 |
| 2012 | 0.8256 | 0.3896 | 是 | 0.5963 | 0.3282 | 是 | 0.6333 | 0.7501 | 非 | 0.4410 | 0.5234 | 非 |
| 2013 | 0.8608 | 0.4019 | 是 | 0.6357 | 0.3448 | 是 | 0.8873 | 0.7326 | 是 | 0.5051 | 0.5336 | 是 |
| 2014 | 0.8734 | 0.4106 | 是 | 0.6478 | 0.3419 | 是 | 0.8649 | 0.7956 | 是 | 0.5688 | 0.5261 | 是 |
| 2015 | 0.8919 | 0.4190 | 是 | 0.6450 | 0.3519 | 是 | 0.8432 | 0.8111 | 是 | 0.4992 | 0.5547 | 是 |
| 2016 | 0.9999 | 0.4137 | 是 | 0.7021 | 0.3494 | 是 | 0.9365 | 0.7846 | 是 | 0.7469 | 0.5550 | 是 |

表 2.7　各地区生态经济人收益和成本支付及身份识别（5）

| 年份 | 湖北 | | | 湖南 | | | 广东 | | | 广西 | | |
|------|------|------|------|------|------|------|------|------|------|------|------|------|
| | $I$ | $C$ | 身份 | $I$ | $C$ | 身份 | $I$ | $C$ | 身份 | $I$ | $C$ | 身份 |
| 2003 | 0.6446 | 0.3583 | 是 | 0.2548 | 0.3340 | 非 | 0.4898 | 0.6948 | 非 | 0.4791 | 0.2482 | 非 |
| 2004 | 0.3147 | 0.3757 | 非 | 0.2773 | 0.3623 | 非 | 0.4575 | 0.6943 | 非 | 0.5782 | 0.2612 | 非 |
| 2005 | 0.3190 | 0.3851 | 非 | 0.2950 | 0.3897 | 非 | 0.4529 | 0.7326 | 非 | 0.6039 | 0.3427 | 非 |
| 2006 | 0.2560 | 0.4285 | 非 | 0.3432 | 0.4063 | 非 | 0.4887 | 0.7412 | 非 | 0.6473 | 0.3475 | 非 |
| 2007 | 0.3239 | 0.3942 | 非 | 0.4294 | 0.4154 | 非 | 0.6290 | 0.9199 | 非 | 0.5841 | 0.3596 | 非 |
| 2008 | 0.3683 | 0.4119 | 非 | 0.4885 | 0.4317 | 是 | 0.7011 | 0.8588 | 是 | 0.6370 | 0.3808 | 非 |
| 2009 | 0.4199 | 0.4817 | 非 | 0.5029 | 0.4543 | 是 | 0.7187 | 0.8225 | 是 | 0.6558 | 0.3536 | 非 |
| 2010 | 0.5043 | 0.5474 | 非 | 0.5612 | 0.4793 | 是 | 0.7757 | 0.8497 | 是 | 0.7256 | 0.3512 | 是 |
| 2011 | 0.4854 | 0.5598 | 非 | 0.5164 | 0.4984 | 非 | 0.7458 | 0.9548 | 非 | 0.7530 | 0.3534 | 是 |
| 2012 | 0.5365 | 0.5774 | 非 | 0.5914 | 0.5125 | 非 | 0.8568 | 0.9595 | 非 | 0.7508 | 0.3607 | 是 |
| 2013 | 0.6622 | 0.5420 | 是 | 0.6108 | 0.4995 | 是 | 0.8371 | 0.9311 | 是 | 0.7989 | 0.3779 | 是 |
| 2014 | 0.5985 | 0.5833 | 是 | 0.6205 | 0.4883 | 是 | 0.8436 | 0.9795 | 是 | 0.8254 | 0.3803 | 是 |
| 2015 | 0.5457 | 0.5329 | 是 | 0.6511 | 0.4860 | 是 | 0.8311 | 0.9884 | 是 | 0.8482 | 0.3842 | 是 |
| 2016 | 0.6254 | 0.5459 | 是 | 0.6983 | 0.4884 | 是 | 0.8456 | 1.0000 | 是 | 0.8735 | 0.3820 | 是 |

表 2.8　各地区生态经济人收益和成本支付及身份识别（6）

| 年份 | 海南 | | | 重庆 | | | 四川 | | | 贵州 | | |
|------|------|------|------|------|------|------|------|------|------|------|------|------|
| | $I$ | $C$ | 身份 | $I$ | $C$ | 身份 | $I$ | $C$ | 身份 | $I$ | $C$ | 身份 |
| 2003 | 0.3179 | 0.1979 | 非 | 0.1661 | 0.0899 | 非 | 0.4886 | 0.2995 | 非 | 0.1832 | 0.0848 | 非 |
| 2004 | 0.3995 | 0.2100 | 非 | 0.1727 | 0.0951 | 非 | 0.6071 | 0.3157 | 非 | 0.2241 | 0.1359 | 非 |
| 2005 | 0.4478 | 0.2108 | 是 | 0.2915 | 0.1148 | 非 | 0.5791 | 0.3326 | 非 | 0.3054 | 0.1367 | 非 |
| 2006 | 0.3432 | 0.2526 | 非 | 0.3546 | 0.1353 | 非 | 0.6586 | 0.3474 | 是 | 0.2982 | 0.1009 | 非 |
| 2007 | 0.4481 | 0.2840 | 非 | 0.4425 | 0.1481 | 非 | 0.6216 | 0.3665 | 非 | 0.3439 | 0.1115 | 非 |
| 2008 | 0.5272 | 0.3216 | 是 | 0.5052 | 0.1586 | 是 | 0.6812 | 0.3785 | 非 | 0.4123 | 0.1206 | 非 |
| 2009 | 0.4949 | 0.3768 | 非 | 0.5087 | 0.1649 | 是 | 0.6790 | 0.4131 | 非 | 0.4306 | 0.1254 | 非 |
| 2010 | 0.5701 | 0.3895 | 非 | 0.5536 | 0.1897 | 是 | 0.7517 | 0.4368 | 是 | 0.4597 | 0.1232 | 是 |
| 2011 | 0.4343 | 0.3666 | 非 | 0.5327 | 0.2059 | 是 | 0.7605 | 0.4638 | 非 | 0.4327 | 0.1381 | 非 |
| 2012 | 0.6384 | 0.3720 | 是 | 0.6040 | 0.1961 | 是 | 0.8229 | 0.4920 | 是 | 0.5505 | 0.1484 | 是 |

续表

| 年份 | 海南 | | | 重庆 | | | 四川 | | | 贵州 | | |
|---|---|---|---|---|---|---|---|---|---|---|---|---|
| | $I$ | $C$ | 身份 | $I$ | $C$ | 身份 | $I$ | $C$ | 身份 | $I$ | $C$ | 身份 |
| 2013 | 0.6804 | 0.3977 | 是 | 0.5371 | 0.2070 | 是 | 0.8861 | 0.5106 | 是 | 0.6332 | 0.1188 | 是 |
| 2014 | 0.6497 | 0.3887 | 是 | 0.5539 | 0.2181 | 是 | 0.9149 | 0.4828 | 是 | 0.5607 | 0.1514 | 是 |
| 2015 | 0.6468 | 0.4090 | 是 | 0.6208 | 0.2312 | 是 | 0.8333 | 0.5068 | 是 | 0.6073 | 0.1349 | 是 |
| 2016 | 0.6763 | 0.3726 | 是 | 0.6991 | 0.2311 | 是 | 0.8838 | 0.5182 | 是 | 0.6380 | 0.1383 | 是 |

表 2.9 各地区生态经济人收益和成本支付及身份识别（7）

| 年份 | 云南 | | | 陕西 | | | 甘肃 | | | 青海 | | |
|---|---|---|---|---|---|---|---|---|---|---|---|---|
| | $I$ | $C$ | 身份 | $I$ | $C$ | 身份 | $I$ | $C$ | 身份 | $I$ | $C$ | 身份 |
| 2003 | 0.5533 | 0.1164 | 非 | 0.0000 | 0.1210 | 非 | 0.2156 | 0.1220 | 非 | 0.2309 | 0.0098 | 非 |
| 2004 | 0.6388 | 0.1276 | 是 | 0.2102 | 0.1320 | 非 | 0.3671 | 0.1300 | 是 | 0.2049 | 0.0000 | 非 |
| 2005 | 0.6037 | 0.1425 | 非 | 0.2306 | 0.1368 | 非 | 0.2115 | 0.1348 | 是 | 0.2081 | 0.0170 | 非 |
| 2006 | 0.5677 | 0.1458 | 非 | 0.2417 | 0.1572 | 非 | 0.2762 | 0.1347 | 非 | 0.3235 | 0.0080 | 非 |
| 2007 | 0.6471 | 0.1739 | 非 | 0.3140 | 0.1703 | 非 | 0.3180 | 0.1449 | 非 | 0.3683 | 0.0096 | 非 |
| 2008 | 0.6695 | 0.1855 | 非 | 0.4435 | 0.2028 | 是 | 0.3343 | 0.1463 | 非 | 0.3510 | 0.0142 | 非 |
| 2009 | 0.6657 | 0.1904 | 非 | 0.4821 | 0.2137 | 是 | 0.2862 | 0.1574 | 非 | 0.3580 | 0.0095 | 非 |
| 2010 | 0.7430 | 0.1986 | 是 | 0.5023 | 0.2083 | 是 | 0.3443 | 0.1613 | 非 | 0.3691 | 0.0149 | 非 |
| 2011 | 0.5820 | 0.2074 | 非 | 0.4176 | 0.2149 | 是 | 0.2970 | 0.1887 | 非 | 0.4126 | 0.0172 | 是 |
| 2012 | 0.7628 | 0.2235 | 是 | 0.5101 | 0.2404 | 是 | 0.4485 | 0.2015 | 是 | 0.4938 | 0.0186 | 是 |
| 2013 | 0.8406 | 0.2201 | 是 | 0.5659 | 0.2556 | 是 | 0.4446 | 0.2071 | 是 | 0.4891 | 0.0279 | 是 |
| 2014 | 0.8203 | 0.2282 | 是 | 0.4248 | 0.2606 | 非 | 0.4677 | 0.2070 | 是 | 0.5351 | 0.0247 | 是 |
| 2015 | 0.8318 | 0.2299 | 是 | 0.4545 | 0.2675 | 是 | 0.4725 | 0.2115 | 是 | 0.4977 | 0.0420 | 是 |
| 2016 | 0.8422 | 0.2296 | 是 | 0.6026 | 0.2715 | 是 | 0.6966 | 0.2054 | 是 | 0.5568 | 0.0955 | 是 |

表 2.10　各地区生态经济人收益和成本支付及身份识别（8）

| 年份 | 宁夏 | | | 新疆 | | |
|---|---|---|---|---|---|---|
| | $I$ | $C$ | 身份 | $I$ | $C$ | 身份 |
| 2003 | 0.0294 | 0.0704 | 非 | 0.2302 | 0.2861 | 非 |
| 2004 | 0.2018 | 0.0844 | 非 | 0.1537 | 0.2922 | 非 |
| 2005 | 0.0552 | 0.0911 | 非 | 0.2355 | 0.3052 | 非 |
| 2006 | 0.1717 | 0.0982 | 非 | 0.3277 | 0.3215 | 非 |
| 2007 | 0.2495 | 0.1015 | 非 | 0.3653 | 0.3325 | 非 |
| 2008 | 0.2960 | 0.1073 | 非 | 0.4206 | 0.3509 | 非 |
| 2009 | 0.2445 | 0.1100 | 非 | 0.4071 | 0.3618 | 非 |
| 2010 | 0.3414 | 0.1213 | 是 | 0.5420 | 0.3712 | 是 |
| 2011 | 0.3403 | 0.1186 | 是 | 0.5005 | 0.3924 | 是 |
| 2012 | 0.3934 | 0.1161 | 是 | 0.5415 | 0.4374 | 是 |
| 2013 | 0.4628 | 0.1240 | 是 | 0.5845 | 0.4543 | 是 |
| 2014 | 0.4735 | 0.1234 | 是 | 0.6488 | 0.4594 | 是 |
| 2015 | 0.4153 | 0.1292 | 是 | 0.6040 | 0.4632 | 是 |
| 2016 | 0.5553 | 0.1312 | 是 | 0.7838 | 0.2654 | 是 |

注：$I$ 代表收益，$C$ 代表成本支付，身份代表按照假设条件（2）划分的生态经济人所属类别，"是"表示是积极环保型生态经济人，"非"表示是消极环保型生态经济人。

不同地区不同年份的生态经济人环保身份属性揭示了中国各个地区的生态状况。环保身份属性体现为"是"的地区和年份，该地区当年的生态环境较好；环保身份属性体现为"非"的地区和年份，该地区当年的生态环境相对较差。观察表2.3—表2.10可知各地区历年的生态经济人身份属性识别结果，都兼有积极环保型生态经济人（是）和消极环保型生态经济人（非）两种属性。多数地区的两种身份年数大致相同，少数地区两种身份年数有差别，甚至差别较大。例如江苏（10年是，4年非），天津（9年是，5年非）；河南、湖北则相反（都为5年是，9年非）。这正是各地区情况的真实反映。多数地区的各项指标随着时间的推移平稳发展，大致均匀地分布在平均值两边，这体现为两种环保身份之间的均势；当一地区的各项指标随着时间的推移有偏地分布在平均值的一边时，势必会出现环保身份偏向一边，或是积极环保，或是消极环保。此外，"是""非"还有连续分布和交错分布。例如，北京总体上"是"与"非"各占一半，却是有趣地交错（4 年非—5 年是—2 年非—2 年是—1 年非），两种身份间的频繁转换，或许是其实际环保行动的真实反映。

表 2.3—表 2.10 的数值经由表 2.1 的统计指标计算而得。如果表 2.1 中体现为收益类的指标的数值较大，那么这个地区测算出的生态经济人的收益就较大；如果表 2.1 中体现为成本类的指标的数值较小，这个地区测算出的生态经济人的成本就较小；相对应地，该地区当年的生态经济人身份就很有可能偏向积极环保型生态经济人，反之亦然。事实上，在整理和搜集表 2.1 指标的过程中，本书发现影响生态经济人的身份类别是属于积极环保型还是消极环保型主要可以归因于三个方面：一是生态经济人开发利用自然资源不合理，水土流失、土地荒漠化等问题严重；二是生态环境污染，包括废气、废水和废渣排放导致的农药污染以及全球变暖、酸雨污染等；三是水资源和土地资源短缺。

生态环境污染和资源短缺是中国东部和中部地区生态经济人在环保中面临的主要问题（根据国家统计局 2011 年的划分办法，东部地区包括北京、天津、河北、山东、江苏、上海、浙江、福建、广东和海南；中部地区包括山西、河南、安徽、湖北、江西和湖南）。随着城市化和工业化程度的提高，中国东部地区的经济发展与城市污水、废气、废渣排放和空气质量差等矛盾日益突出。此外，城市化和工业化的快速发展需要更多的资源，这将导致资源的日益短缺，生态经济人保护资源的行为变得日益困难。困扰中国中部生态经济人的问题是该地区的水土流失尤为严重。黄河和长江是中国的两大水系。每年这两条河流域内的水土流失特别严重，水土流失治理问题亟待解决。

西部生态脆弱区（西部包括四川、云南、贵州、重庆、陕西、甘肃、青海、新疆、宁夏、内蒙古和广西[①]）是中国生态脆弱区的最大组成部分。西部脆弱生态区的生态自我恢复能力很弱。新疆、内蒙古、甘肃和青海的沙漠化都是中国脆弱生态环境的表现。长期以来，西部脆弱的生态和落后的经济给当地的经济社会发展带来了巨大的困难。西部生态脆弱地区生态环境系统抗干扰能力弱、对全球气候变化敏感、时空波动性强、边缘效应显著、环境异质性高。当地许多人为了生存而转向开发自然资源，但过度开发使原本就脆弱的生态环境变得越来越恶劣。与东部和中部地区相比，西部地区脆弱的生态环境是西部生态经济人面临的最大问题。

## 三、生态经济人身份区制转换

观察表 2.3—表 2.10 可知各地区历年的生态经济人身份属性识别结果，都兼有积极环保型生态经济人（是）和消极环保型生态经济人（非）两种属性。多数省份的两种身份年数大致相同，少数省份两种身份年数有差别，甚至差别较大。例如，北京，总体上"是"与"非"各占一半，两种身份却频繁转换（4 年非—5 年是—2 年非—2 年是—1 年非），这或许是其实际环保行动的真实反映。总之，仔细解读表 2.3—表 2.10 各省份历年的身份属性识别结果，可以发现生态经济人的身份属性转换符合区制转换特征，可以利用 MS-VAR 模型进一步解读。

---

① 由于数据缺失，本书中未包含西藏自治区。

（一）MS-VAR 模型

哈密尔顿（James D. Hamilton，1989）曾提出一种广泛使用的时变方法，即马尔可夫转换模型（Markov Switching Model，MS 模型）。该模型能够描述变量在不同状态下的变化和转换，捕捉到变量更复杂的动态演化过程。他还将区制转移引入到一般向量自回归模型（MS-VAR）中，使 VAR 模型也可以用来描述研究对象在不同状态下的不同特征。Krolzig（1997，1998），Kim 和 Nelson（1999）其后进一步开发了该模型。目前，MS-VAR 模型已被扩展应用到许多领域。股票、汇率、价格波动和电力消耗等领域都能看到 MS-VAR 模型的应用足迹。Ismail 和 Rahman（2009），Guo 和 Stepanyan（2011）使用 MS-VAR 模型研究了美国和亚洲国家的股票市场。Mandilaras 和 Bird（2010）使用 MS-VAR 模型研究和检测汇率领域的传染效应。Falahi（2011），Melike E Bildirici（2013）运用 MS-VAR 模型估计电力消耗与经济增长之间的因果关系。Chau Le 和 Dickinson David（2014）应用模型分析了通过资产价格渠道找出的从美国、欧洲到东亚的波动联系和金融传染。

MS-VAR 模型的基本思想是，一个 VAR 过程的参数可能不是时间不变的，它可能随着状态的变化而变化。它跟线性模型不同。线性模型总是假定 VAR 过程的参数不随时间变化，这种假定使得线性模型不能捕捉到过程的变化和转换。而 MS-VAR 模型可以捕捉到这种动态变化。例如，价格、股票和传染效应等的动态演化过程就可以通过 MS-VAR 模型更精确地描述出来。如同价格和传染效应等，一个生态经济人在特定的条件下可以是积极环保型生态经济人，在另一特定条件下可以是消极环保型生态经济人。为了捕捉生态经济人的动态演化过程，这里采用 MS-VAR 模型对其进行分析。

依据生态经济人的分类，本书把生态经济人划分为积极环保型生态经济人和消极环保型生态经济人两个区制。在 MS-VAR 模型中，积极环保型生态经济人和消极环保型生态经济人两个区制的得益状况（收益扣除成本支付）可以表示为 $(I_1-C_1,\ I_2-C_2)$（$I$ 和 $C$ 均为非负数）。假设在 $t$ 期，他们的得益

可以表示为 $\begin{bmatrix} I_{1,t}-C_{1,t} \\ I_{2,t}-C_{2,t} \end{bmatrix}$，则在 $t+1$ 期，他们的收益就为：

$$\begin{bmatrix} I_{1,t+1}-C_{1,t+1} \\ I_{2,t+1}-C_{2,t+1} \end{bmatrix} = \begin{bmatrix} Q_{1,s_{t+1}} & 0 \\ 0 & Q_{2,s_{t+1}} \end{bmatrix} \times \begin{bmatrix} I_{1,t}-C_{1,t} \\ I_{2,t}-C_{2,t} \end{bmatrix} + \begin{bmatrix} \varepsilon_1(t) \\ \varepsilon_2(t) \end{bmatrix} \qquad 式（2.3）$$

其中，$\begin{bmatrix} Q_{1,s_{t+1}} & 0 \\ 0 & Q_{2,s_{t+1}} \end{bmatrix}$ 表示 $t$ 期值与 $t+1$ 期值之间关系的相关矩阵，该关系受马

尔可夫机制的影响。$\begin{bmatrix} \varepsilon_{1,t} \\ \varepsilon_{2,t} \end{bmatrix}$ 表示残差矩阵，$\begin{bmatrix} \varepsilon_1(t) \\ \varepsilon_2(t) \end{bmatrix} \sim NID\left[0, \begin{pmatrix} \sigma_{1,\,s_t}^2 & \sigma_{1,2,\,s_t} \\ \sigma_{1,2,\,s_t} & \sigma_{2,\,s_t}^2 \end{pmatrix}\right]$。

$\begin{pmatrix} \sigma_{1,\,s_t}^2 & \sigma_{1,2,\,s_t} \\ \sigma_{1,2,\,s_t} & \sigma_{2,\,s_t}^2 \end{pmatrix}$ 是标准差矩阵，标准差也受马尔可夫机制的影响。假设 $S_t$ 服

从马尔科夫转移机制。它的不可遍历转移概率为 $p_{u,v}=P_r(S(t+1)=u|S(t)=v)$，代表从 $t$ 期转移到 $t+1$ 期的转移概率。$p_{u,v}$ 是转换矩阵 $p$ 的一般 $[u,\ v]$ 元素：

$$P = \begin{bmatrix} p_{11} & p_{12} \\ p_{21} & p_{22} \end{bmatrix}, \quad \sum_{v=1}^{2} p_{u,v}=1 \forall u,v \in \{1,2\} \qquad 式（2.4）$$

MS-VAR 模型是基于误差项服从正态分布的假设，直接采用对数似然函数最大化估计。

$$p((I-C)_t|s_t=v,(I-C)_{t-1}) = \ln(2\pi)^{-1/2} \ln|\Sigma|^{-1/2} \exp\{((I-C)_t-\mu)'\Sigma_m^{-1}((I-C)_t-\mu)\}$$
$$式（2.5）$$

其中 $\mu$ 是生态经济人在区制 $S_t=V$ 时候的均值。

（二）身份区制转换

经过 ADF 检验和协整检验（根据 ADF 单位根检验的结果，某些区域的数据是非平稳的，这些区域的结果不予展示。检验结果见附录 D），表 2.11 展示了利用 MS-VAR 模型估计得到的模型结果，包括了转移概率、频率和平均持续期。

表 2.11　生态经济人区制转移概率、频率和平均持续期

| 区制 | 积极环保转移频率 | 消极环保转移频率 | 频率 | 平均持续期 |
|---|---|---|---|---|
| 北京 | | | | |
| 积极环保 | 0.58 | 1.00 | 0.50 | 2.37 |
| 消极环保 | 0.42 | 0.00 | 0.50 | 1.00 |
| 天津 | | | | |
| 积极环保 | 0.72 | 1.00 | 0.64 | 3.56 |
| 消极环保 | 0.28 | 0.00 | 0.36 | 1.00 |
| 河北 | | | | |
| 积极环保 | 0.58 | 0.47 | 0.57 | 2.40 |
| 消极环保 | 0.42 | 0.53 | 0.43 | 2.15 |
| 山西 | | | | |
| 积极环保 | 0.8 | 0.67 | 0.43 | 5.00 |
| 消极环保 | 0.2 | 0.33 | 0.57 | 1.50 |
| 辽宁 | | | | |
| 积极环保 | 0.8 | 1.00 | 0.36 | 5.05 |
| 消极环保 | 0.2 | 0.00 | 0.64 | 1.00 |
| 黑龙江 | | | | |
| 积极环保 | 0.90 | 0.38 | 0.43 | 10.07 |
| 消极环保 | 0.10 | 0.62 | 0.57 | 2.63 |
| 上海 | | | | |
| 积极环保 | 0.80 | 0.67 | 0.36 | 5.00 |
| 消极环保 | 0.20 | 0.33 | 0.64 | 1.50 |

续表

| 区制 | 积极环保转移频率 | 消极环保转移频率 | 频率 | 平均持续期 |
|---|---|---|---|---|
| 江苏 | | | | |
| 积极环保 | 0.90 | 0.33 | 0.64 | 10.00 |
| 消极环保 | 0.10 | 0.67 | 0.36 | 3.00 |
| 安徽 | | | | |
| 积极环保 | 0.52 | 0.50 | 0.43 | 2.09 |
| 消极环保 | 0.48 | 0.50 | 0.57 | 2.00 |
| 福建 | | | | |
| 积极环保 | 0.90 | 0.38 | 0.43 | 10.12 |
| 消极环保 | 0.10 | 0.62 | 0.57 | 2.66 |
| 江西 | | | | |
| 积极环保 | 0.90 | 0.34 | 0.43 | 10.03 |
| 消极环保 | 0.10 | 0.66 | 0.57 | 2.94 |
| 山东 | | | | |
| 积极环保 | 0.73 | 1.00 | 0.57 | 3.67 |
| 消极环保 | 0.27 | 0.00 | 0.43 | 1.00 |
| 河南 | | | | |
| 积极环保 | 0.92 | 1.00 | 0.36 | 12.00 |
| 消极环保 | 0.08 | 0.00 | 0.64 | 1.00 |
| 湖北 | | | | |
| 积极环保 | 0.80 | 0.72 | 0.36 | 5.11 |
| 消极环保 | 0.20 | 0.28 | 0.64 | 1.39 |
| 广东 | | | | |
| 积极环保 | 0.79 | 0.72 | 0.57 | 4.73 |
| 消极环保 | 0.21 | 0.28 | 0.43 | 1.38 |
| 海南 | | | | |
| 积极环保 | 0.63 | 0.60 | 0.50 | 2.68 |
| 消极环保 | 0.37 | 0.40 | 0.50 | 1.67 |
| 四川 | | | | |
| 积极环保 | 0.61 | 0.45 | 0.50 | 2.59 |
| 消极环保 | 0.39 | 0.55 | 0.50 | 2.22 |

续表

| 区制 | 积极环保转移频率 | 消极环保转移频率 | 频率 | 平均持续期 |
|---|---|---|---|---|
| 贵州 | | | | |
| 积极环保 | 0.90 | 0.34 | 0.43 | 10.02 |
| 消极环保 | 0.10 | 0.66 | 0.57 | 2.97 |
| 云南 | | | | |
| 积极环保 | 0.81 | 0.33 | 0.50 | 5.34 |
| 消极环保 | 0.19 | 0.67 | 0.50 | 3.07 |

表 2.11 展示了各个地区生态经济人由积极环保、消极环保状态分别向积极环保、消极环保状态区制转移的概率、频率和持续期。平均持续时间 $d$ $(S_r)$ 可以通过公式 $D$ $(S_r) = 1/(1-P_{ii})$ 来计算。$r$ 代表中国的不同地区，$P_{ii}$ ($i=1,2$) 代表区制转移的概率。$i=1,2$，代表区制 1 和区制 2。例如，在北京，区制 1 的转移概率为 0.58，区制 2 的转移概率为 0.42。然后用公式 $D$ $(S_r) = 1/(1-P_{ii})$ 计算出积极环保和消极环保型生态经济人的平均持续期。结果分别为 2.37 和 1。积极环保型生态经济人所处的区制的平均持续时间越长，某一区域的生态环境就越好。

从具体区域来看，表 2.11 显示黑龙江（10.07）、江苏（10.00）、福建（10.12）、江西（10.03）、河南（12.00）、贵州（10.02）等地积极环保型生态经济人所处的区制平均持续时间相对较长。这意味着这些地区的环境状况相对较好。相反，北京（2.37）、河北（2.40）、安徽（2.09）、海南（2.68）、四川（2.59）积极环保型生态经济人所处的区制平均持续时间相对较短。这意味着这些地区的环境状况相对较差。中国东部的生态经济人所面临的环境状况总体上比西部好，而中部的环境状况则各不相同。然而中国整体生态形势仍不容乐观，生态经济人仍需要进一步努力改善环境。

## 四、本章小结

生态经济人是当代文明的主要载体。本章提出了生态经济人的由来，界定了生态经济人的定义，指出了生态经济人泛化的特点，利用粗糙集对生态经济人的身份进行了刻画。粗糙集被广泛地应用于很多领域，成功地被用来描述带有不确定信息的事物。粗糙集方法的引入推进了对生态经济人的理解。

本章依据生态经济人的行为选择把生态经济人划分为积极环保型生态经济人和消极环保型生态经济人两类。利用国家发改委颁布的《绿色发展指标体系》，构建了生态经济人的六大指标体系，测算了各个一级指标以及二级指标的权重。从中国各个省市的统计年鉴、环境统计公告等查找各个指标的具体数值，计算中国各个省市的生态经济人的成本和收益状况，确定了生态经济人的积极环保或者消极环保行为。对于生态经济人的微观数据，目前没有完善科学的数据来源，本章只能通过国家发改委颁布的《绿色发展指标体系》重新构建生态经济人核算的指标体系，而本书提供的这种生态经济人数据统计框架可以扩展应用到其他国家和地区。在观察期内，中国东部的生态经济人面临的环境状况总体较中部地区和西部地区要好，但整个中国的生态环境仍然问题严峻。尽管考虑生态经济人的身份区制转换能更好地捕捉生态经济人的行为特征，但是因为转换的复杂性，本书在讨论生态经济人的过程中只得忽略此问题。

# 第三章　生态经济人契约及契约履行

## 一、生态经济人契约内涵

### （一）契约的缘起

经济学领域的契约理论被认为肇始于 1991 年诺贝尔经济学奖得主科斯（Coase，1937）的经典论文《企业的本质》（*The Nature of the Firm*）。科斯指出，"由于预测的困难，关于商品或劳务供给的契约期限越长，那么对买方来说，明确规定对方该干什么就越不可能，也越不合适"[1]。这说明两点：第一，科斯已经从契约的角度来理解交易行为了；第二，科斯暗示了，如果契约越不完全，那么企业就越可能替代市场。其他很多经济学家也很早就从契约的角度来研究问题。瓦尔拉斯一般均衡下的帕累托最优就是用短期契约集合刻画。之后，帕累托最优又引入了不确定性理论，短期契约集合发展为长期契约集合，用来解释阿罗—德布鲁一般均衡下的帕累托最优。Alchian 和 Demsetz（1972），Jensen 和 Meckling（1976），Holmstrom（1979），Grossman 和 Hart（1986）等人发展了专门的契约理论，研究了代理市场、企业等之间

---

[1]　Coase R H. "The nature of the firm," *Economica* 4, no.16（2007）: 386-405.

的契约关系。

契约实际上是一种手段。契约使得个体之间的权利义务关系摆脱了表面存在形态的依附。个体可以凭借自己的理性，通过契约与他人建立新的权利义务关系，这种新的权利义务关系是可以控制和选择的。在现实社会里面，这种契约不一定表现为纸质合同，它是一种可以自治的权利义务关系，这种权利义务关系随着契约形式的变动而改变。无论契约的存在形式和范畴有何种争议，契约的应用已经广泛存在于各种社会形态中。

Ernst Fehr 等（2009）探讨了不完全性与契约类型的关系，Kira Fuchs（2011）研究了权力配置与契约成本和收益的关系，田侃等（2010）研究了债务契约的不完备性与公司治理的关系，聂辉华（2013）从农业契约角度出发，研究了最优农业契约与中国农业产业化之间的关系。从契约的不完全性到契约的不完备性，从契约与权力配置的关系到契约与农业产业化之间的关系，契约理论被广泛应用于各个领域的研究。由于较少学者关注生态经济人，当然也就鲜少有学者研究生态经济人之间的契约履行。生态经济人之间的互动必然产生契约，本章利用博弈论研究生态经济人之间的契约履行。

（二）生态经济人契约的内涵

经济学中的经典基本假设之一——经济人假设阐述了经济人带有理性。卢梭认为，在启蒙运动之后，当契约跟这种理性相结合，就出现了"普遍性"的东西（亓同惠，2015）。我们生活在一个充满契约的世界里，个体在组织内和市场上的几乎所有行为都可能与契约相关，契约具有普遍性。这种"普遍性"的内涵包括契约与经济结合产生了经济契约，而在生态环境的背景下，契约的形式可以进一步延伸为生态经济契约。实际上，在边际革命之后，理性的内涵就得到了拓展和延伸，所谓的效用不再只包括金钱上的享受、单纯情感上的满足，效用的范围同时还可以包括对周遭生态环境的满意程度，包括空气污染（Welsch H，2007）和气候变化（Rehdanz K and Maddison D，2005）。效用一方面与收入有关，另一方面与生态环境有关（Rehdanz K and Maddison D，2005）。当契约与这种可以体现为对生态环境享受的效用的理性相结合时，就产生了新形式的契约，本书把这种结合了生态因素的契约简称为生态经济人契约。当生态经济人契约得到普遍确认的时候，个体作为生态利益的主体地位也得到确立，他与其他个体之间产生了契约形式，这种契约形式成为个体在经济社会活动中进行交易的主要形式之一，也为个体的利益追求和资源配置提供了一种手段，各个个体都可以通过交换契约追求自身的利益。同时，这种契约的交换也是一个签约和履约的过程。

若将各种形成污染或者降低生态环境污染的方式视为生态契约包含的各种子契约，那么这些子契约如何达到均衡就成了一个需要仔细探索的问题。构建生态经济人在生态环境条件下的契约：假设生态经济人采取降低生态环境污染措施，即选择积极环保行动时可取得的收益 $I$，同时需要支付一定的努力成本 $C$。借鉴 Hong Fuhai 等（2012，2016）的做法，假设降低生态环境污染后经济人从自身降低生态环境污染的行为中获得的收益函数 $I$ 是线性形式，成本函数 $C$ 是二次型的。假设降低生态环境污染后生态经济人的收益函数为 $I(a_i)=\lambda a_i+\xi$，成本函数为 $C(a_i)=\theta a_i^2+\zeta$。其中，$\xi$、$\zeta$ 为外生随机变量，$I$ 是 $a$ 的严格递增函数，$a$ 为生态经济人个体在环保行动中付出的努力水平（$a$ 为非负数），$i$ 为生态经济人个体。个人的努力水平不同，相应地，个人获得的收益和支出的环保成本也不同。

## 二、生态经济人博弈及契约履行

### （一）模型说明

在研究方法层面上，20 世纪 20 年代，Lotca-Volterra 种间竞争模型在促进生态经济系统间博弈研究方面发挥了重要作用（肖忠意，2017）。后来，Tilman（1982），Pacala（1994）和 Tilman（1994）等学者进一步发展了相关理论，提出了基于资源的模型。Brock 等（2002，2014）丰富了博弈论在生态经济学中的应用。作为诺贝尔经济学奖最受欢迎的理论之一，博弈论的应用还有很大的空间。

上一章指出，波兰华沙理工大学教授 Pawlak（1982）提出的粗糙集，具有真正反映隐藏信息、揭示数据潜在规律而不依赖先验知识的独特优势。粗糙集被成功地用于描述具有隐藏性和不确定性的事物。但在实际生活中，粗糙集虽然能够被成功地应用于描述某些事物，但是确定粗糙集的上、下近似集却困难重重。本章尝试结合使用粗糙集和博弈论方法，运用包括静态和动态两种情况的博弈论，找出生态经济人的上、下确界。利用博弈论寻找粗糙集的上、下确界在研究方法上也是一种创新。

### （二）模型假设条件

1. 依据第二章的假设条件（1），生态经济人是理性的经济人，会依据自身效用最大化进行决策。生态经济人划分为积极环保型生态经济人和消极环保型生态经济人两类。积极环保型生态经济人选择积极环保行为。消极环保型生态经济人选择消极环保行为。

2. 生态经济人之间可能相互独立也可能具有相关关系，这种相关关系可以是人与人之间的关系（例如通过市场交易活动），也可以是不同生态环境规制政策的辐射效应。他们之间的相关关系将影响他们在环保行动中的得益收获和成本支付（一个人的环境行为给他人带来正或负外部性）。当它们相互依赖时，它们的相关系数矩阵可以表示为 $R = \begin{bmatrix} 1 & r_{12} \\ r_{21} & 1 \end{bmatrix}$，$r_{12}=r_{21}=r$。事实上，由于传播信息渠道的发展和越来越多的信息共享，生态经济人之间可能存在着更大的相关性。假设这一相关性可以完全转移到生态经济人的收益和成本上，则收益增加和成本减少的比率为 $r$（$r$ 可能为负数）。

3.定义生态污染品，是指由生态经济人的活动所造成的生态环境污染。由于空间距离、空间分布或者结构差异等特点，生态污染品可能呈现出同质或异质状况。同质是指降低生态环境污染中的相应污染品给不同生态经济人带来相同的收益和成本支付，异质则指降低生态环境污染中的相应污染品给不同生态经济人带来的收益和成本支付之间的差异。由于生态经济人具有相同偏好，生态污染品成了影响生态经济人收益的外生变量，生态污染品同质与否可以直接影响生态经济人得益的多少和环保支付成本的大小。假设由于生态污染品异质，生态经济人收益变化后的系数比为 $\omega_1, \omega_2(0 \leq \omega_1, \omega_2 \leq 1)$，成本变化后系数比为 $\tau_1$，$\tau_2$（$0 \leq \tau_1, \tau_2 \leq 1$）。

4.生态经济人的环保行动总是给环境带来正影响，且由生态经济人独立完成。由于环境是公共物品（Markowska A and Żylicz T，1999），任何一方的环保行动都完全有可能因其正外部性而使其他环境相关人获益。

5.生态经济人之间相互独立，生态污染品同质，这只是在一定时期内的一种相对稳定状态，不过，这种状态是动态变化的。只要满足一定的条件，生态经济人就可以由相互独立转变为密切相关，生态污染品也可以由同质转变为异质，甚至可以进行反向转化，假设这种状态的转化遵循马尔科夫转移机制。

（三）博弈模型

本章模型建立在博弈论的基础上。考虑两个生态经济人甲、乙处于同一生态经济系统中，不考虑其他外部情况，模型化为一个包含两个生态经济人主体的演化博弈。假设博弈主体满足"理性经济人"假设，双方博弈的选择都基于风险中性假设，策略选择基于期望收益。用价值函数表示两个生态经济人遵循效用最大化原则选择策略的期望得益。如图 3.1 生态经济人得益矩阵所示，假设双方选择成为积极环保型生态经济人，双方得益为收益减掉支付的成本。因为积极环保型生态经济人改善了生态环境，而生态环境是公共物品，环境的改良给双方都带来了收益，双方选择成为积极环保型生态经济人后，双方的得益可以表示为 $(I_1^1 + I_1^2 - C_1, I_2^1 + I_2^2 - C_2)$（$I$ 和 $C$ 均为非负数，$I_1^1$ 代表生态经济人甲的积极环保行为给自己带来的收益，$I_1^2$ 代表生态经济人乙的积极环保行为给甲带来的收益，余下类同）。当一方选择积极环保行为，另一方选择消极环保行为时，选择积极环保行为的一方需多支付努力成本 $C_i$（$i=1$, 2）。双方都选择消极环保行为，则双方无法从积极环保行为带来的生态改善中获得收益，损失可能获得的潜在收益 $I_1^1 + I_1^2$ 或 $I_2^1 + I_2^2$，但可以节省积极环保行为支付的成本 $C_i$（$i=1$, 2）。假设生态经济人甲以（$n$, $1-n$）作为其混合战略，其选择成为积极环保型生态经济人的概率为 $n$（$0 \leq n \leq 1$），生态经济人乙以（$m$, $1-m$）作为其混合战略，其选择成为积极型环保生态经济人的概率为 $m$（$0 \leq m \leq 1$）。博弈双方的得益矩阵如图 3.1 所示。

|  | 甲 | 乙 |
|---|---|---|
|  | 积极环保型 | 消极环保型 |
| 积极环保型 | $I_1^1 + I_1^2 - C_1, I_2^1 + I_2^2 - C_2$ | $I_1^1 - C_1 - I_1^2, I_2^1 + C_2 - I_2^2$ |
| 消极环保型 | $I_1^2 + C_1 - I_1^1, I_2^1 - C_2 - I_2^1$ | $C_1 - I_1^1 - I_1^2, C_2 - I_2^1 - I_2^2$ |

图 3.1　生态经济人得益矩阵

则生态经济人甲的期望得益为：

$$E_1 = mn(I_1^1 + I_1^2 - C_1) + n(1-m)(I_1^1 - C_1 - I_1^2) + \\ m(1-n)(I_1^2 + C_1 - I_1^1) + (1-n)(1-m)(C_1 - I_1^1 - I_1^2) \qquad 式（3.1）$$

生态经济人甲的参与约束是：

$$mn(I_1^1 + I_1^2 - C_1) + n(1-m)(I_1^1 - C_1 - I_1^2) + \\ m(1-n)(I_1^2 + C_1 - I_1^1) + (1-n)(1-m)(C_1 - I_1^1 - I_1^2) \geqslant 0 \qquad 式（3.2）$$

生态经济人乙的期望得益为：

$$E_2 = mn(I_2^1 + I_2^2 - C_2) + n(1-m)(I_2^1 - C_2 - I_2^2) + \\ m(1-n)(I_2^2 + C_2 - I_2^1) + (1-n)(1-m)(C_2 - I_2^1 - I_2^2) \qquad 式（3.3）$$

生态经济人乙的参与约束是：

$$mn(I_2^1 + I_2^2 - C_2) + n(1-m)(I_2^1 + C_2 - I_2^2) + \\ m(1-n)(I_2^2 - C_2 - I_2^1) + (1-n)(1-m)(C_2 - I_2^1 - I_2^2) \geqslant 0 \qquad 式（3.4）$$

（四）静态模型分析

图 3.1 给出的是当期的博弈结果。本章首先研究积极环保型生态经济人身份识别及其契约履行。

1. 积极环保型生态经济人身份识别及其契约履行

（1）生态经济人独立、生态污染品同质

生态污染品同质，由图 3.1 得益矩阵可得，当 $I_i^i \geqslant C_i$ 时，生态经济人 $i$ 选择积极环保行为是他的最优策略。在生态经济人独立、生态污染品同质的条件下，积极环保型生态经济人身份的不可分辨关系 $IND$（$B$）为：

$$IND(B) = \{(u_i, u_j) \in U^2 \mid \forall b \in B, I_i^i(u_i, b) > C_i(u_i, b)\} \qquad 式（3.5）$$

参与约束是 $\lambda a_i + \xi_i \geqslant \theta a_i^2 + \zeta_i$ 式（3.6）

求式（3.6）两边的导数，使一阶导数等于 0，就可以得到 $a_i = \lambda/2\theta$。这是生态经济人选择积极环保行为所需付出努力的最小值。如果生态经济人付出的努力低于这个临界值，那么他就成为了消极环保型生态经济人。积极环保型群体的下近似划分集和上近似划分集分别为：

$$\underline{B}(X) = \{u_i \in U \mid a_i(u_i) < \lambda / 2\theta\} \qquad 式（3.7）$$

$$\overline{B}(X) = \{u_i \in U \mid a_i(u_i) \leqslant \lambda / 2\theta\} \qquad 式（3.8）$$

下近似划分集是严格的积极环保型生态经济人群体，而上近似划分集则是不严格的积极环保型生态经济人群体。上近似划分集的部分生态经济人依据自身的收益支出情况也可能选择消极环保行为。当生态经济人之间相互独立，且生态污染品同质，即当 $\lambda a_i + \xi_i \geqslant \theta a_i^2 + \zeta_i (i = 1, 2)$ 时，生态经济人会选择成为积极环保型生态经济人作为自己的占优策略，博弈均衡解为（积极环保型，积极环保型），执行积极环保契约。

在这类积极环保契约里面，生态经济人甲的期望得益为：

$$\begin{aligned} E_2 &= (1-n)(1-m)(I_2^1 + I_2^2 - C_2) \\ &= (1-n)(1-m)(\lambda a_1 + \xi_1 + \lambda a_2 + \xi_2 - \theta a_2^2 - \zeta_2) \end{aligned} \qquad 式（3.9）$$

生态经济人乙的期望得益为：

$$E_2 = (1-n)(1-m)(I_2^1 + I_2^2 - C_2)$$
$$= (1-n)(1-m)(\lambda a_1 + \xi_1 + \lambda a_2 + \xi_2 - \theta a_2^2 - \zeta_2) \qquad \text{式（3.10）}$$

（2）生态经济人是相互独立的，生态污染品异质

在生态经济人相互独立，生态污染品异质的情况下，由于环境污染品外生变量的影响，生态经济人的环保得益和支付成本产生差异。积极环保型生态经济人身份不可分辨关系 $IND$（$B$）为：

$$IND(B) = \{(u_i, u_j) \in U^2 \,\big|\, \forall b \in B, I_i^i(u_i, b) > C_i(u_i, b)\} \qquad \text{式（3.11）}$$

参与约束是 $\omega_i(\lambda a_i + \xi_i) \geqslant \theta \tau_i a_i^2 + \zeta_i$ 式（3.12）

得到 $a_i = \lambda \omega_i / 2\theta \tau_i$。这是生态经济人选择积极环保行为所需付出努力的最小值。如果生态经济人付出的努力低于这个临界值，那么他就成为了消极环保型生态经济人。积极环保群体的下近似划分集和上近似划分集分别为：

$$\underline{B}(X) = \{u_i \in U \,\big|\, a_i(u_i) < \lambda \omega_i / 2\theta \tau_i\} \qquad \text{式（3.13）}$$

$$\overline{B}(X) = \{u_i \in U \,\big|\, a_i(u_i) \leqslant \lambda \omega_i / 2\theta \tau_i\} \qquad \text{式（3.14）}$$

当 $I_i^i \geqslant C_i (i = 1, 2)$ 时，生态经济人 $i$ 选择积极环保是他的最优策略。即当 $\omega_i \lambda a_i + \omega_i \xi_i \geqslant \theta \tau_i a_i^2 + \tau_i \zeta_i$，生态经济人会选择成为积极环保型生态经济人作为自己的占优策略，此时，博弈均衡解仍为（积极环保型，积极环保型），执行积极环保契约。

在这类积极环保契约里，生态经济人甲的期望得益为：

$$E_1 = (1-n)(1-m)(\lambda \omega_1 a_1 + \omega_1 \xi_1 + \lambda \omega_1 a + \omega_1 \xi_2 - \theta \tau_2 a_1^2 - \tau_1 \zeta_1) \qquad \text{式（3.15）}$$

生态经济人乙的期望得益为：

$$E_2 = (1-n)(1-m)(\lambda \omega_2 a_1 + \omega_2 \xi_1 + \lambda \omega_2 a_2 + \omega_2 \xi_2 - \theta \tau_2 a_2^2 - \tau_2 \zeta_2) \qquad \text{式（3.16）}$$

（3）生态经济人不独立，生态污染品同质

生态污染品同质，意味着 $I_1^1 = I_2^1, I_1^2 = I_2^2$；生态经济人不独立，意味着生

态经济人甲、乙的相关系数矩阵为单位矩阵，而当二者相关时，他们的相关

系数矩阵可以表示为 $R = \begin{bmatrix} 1 & r_{12} \\ r_{21} & 1 \end{bmatrix}$，因为二者相关，所以矩阵呈现对称形式

$r_{12}=r_{21}=r$。

此时，积极环保型生态经济人身份不可分辨关系 $IND$（$B$）为：

$$IND(B) = \{(u_i, u_j) \in U^2 \,\big|\, \forall b \in B, I_i^i(u_i, b) > C_i(u_i, b)\} \qquad 式（3.17）$$

约束条件是 $(1+r)(\lambda a_i + \xi_i) \geqslant \theta(1-r)a_i^2 + \zeta_i$        式（3.18）

然后得到 $a_i = \lambda$（$1+r$）$/ 2\theta$（$1-r$）。这是生态经济人参与生态保护所付出努力的最小值。如果生态经济人付出的努力低于这个临界值，那么生态经济人就成为了消极环保型生态经济人。

积极环保群体的下近似划分集和上近似划分集分别为：

$$\underline{B}(X) = \{u_i \in U \,\big|\, a_i(u_i) < \lambda(1+r) / 2\theta(1-r)\} \qquad 式（3.19）$$

$$\overline{B}(X) = \{u_i \in U \,\big|\, a_i(u_i) \leqslant \lambda(1+r) / 2\theta(1-r)\} \qquad 式（3.20）$$

当 $I_i^i \geqslant C_i$，即当 $(1+r)(\lambda a_i + \xi_i) \geqslant \theta(1-r)a_i^2 + (1-r)\zeta_i$，生态经济人 $i$ 选择积极环保是他的最优策略，（积极环保型，积极环保型）仍是此时博弈的均衡解，执行积极环保契约。在这类积极环保契约里面，生态经济人甲的期望得益为：

$$E_1 = (1-n)(1-m)[(1+r)(\lambda a_1 + \xi_1 + \lambda a_2 + \xi_2) - \theta(1-r)a_1^2 - (1-r)\zeta_1] \quad 式（3.21）$$

生态经济人乙的期望得益为：

$$E_2 = (1-n)(1-m)[(1+r)(\lambda a_1 + \xi_1 + \lambda a_2 + \xi_2) - \theta(1-r)a_2^2 - (1-r)\zeta_2] \quad 式（3.22）$$

（4）生态经济人不独立，生态污染品异质

假设生态经济人相关带来的环保成本降低比率为 $r$，生态污染品异质带来的收益权重因子为 $\omega_1$，积极环保型生态经济人身份不可分辨关系 $IND$（$B$）为：

$$IND(B) = \{(u_i, u_j) \in U^2 \big| \forall b \in B, I_i^i(u_i, b) > C_i(u_i, b)\} \qquad \text{式（3.23）}$$

参与约束是：

$$(\omega + r)_i (\lambda a_i + \xi_i) \geqslant \theta(\tau_i - r) a_i^2 + (\tau_i - r)\zeta_i \qquad \text{式（3.24）}$$

然后得到，$a = \lambda(\omega_i + r) / 2\theta(\tau_i - r)$。这是生态经济人参与生态保护的付出努力的最小值。如果生态经济人付出的努力低于这个临界值，那么生态经济人就成了消极环保型生态经济人。

积极环保群体的下近似划分集和上近似划分集分别为：

$$\underline{B}(X) = \{u_i \in U \big| a_i(u_i) < \lambda(\omega_i + r) / 2\theta(\tau_i - r)\} \qquad \text{式（3.25）}$$

$$\overline{B}(X) = \{u_i \in U \big| a_i(u_i) \leqslant \lambda(\omega_i + r) / 2\theta(\tau_i - r)\} \qquad \text{式（3.26）}$$

当 $I_i^i \geqslant C_i$，即当 $(\omega_i + r)(\lambda a_i + \xi_i) \geqslant \theta(\tau_i - r)a_i^2 + (\tau_i - r)\zeta_i$，生态经济人 $i$ 选择积极环保是他的最优策略。（积极环保型，积极环保型）是此时博弈的均衡解，仍然执行积极环保契约。

在这类积极环保契约里面，生态经济人甲的期望得益为：

$$E_1 = (1-n)(1-m)[(\omega_1 + r)(\lambda a_1 + \xi_1 + \lambda a_2 + \xi_2) - \theta(\tau_1 - r)a_1^2 - (\tau_1 - r)\zeta_1] \text{式（3.27）}$$

生态经济人乙的期望得益为：

$$E_2 = (1-n)(1-m)[(\omega_2 + r)(\lambda a_1 + \xi_1 + \lambda a_2 + \xi_2) - \theta(\tau_2 - r)a_2^2 - (\tau_2 - r)\zeta_2] \text{式（3.28）}$$

2. 消极环保型生态经济人身份识别及其契约履行

同样地，可以推得消极环保型生态经济人身份识别及其契约履行条件。

（1）生态经济人独立，生态污染品同质

在生态经济人独立，生态污染品同质的条件下，消极环保型生态经济人身份的不可辨关系 $IND$（$B$）为：

$$IND(B) = \{(u_i, u_j) \in U^2 \big| \forall b \in B, I_i^i(u_i, b) < C_i(u_i, b)\} \qquad \text{式（3.29）}$$

参与约束是 $\lambda a_i + \xi_i \leqslant \theta a_i^2 + \zeta_i$ 　　　　式（3.30）

求公式（3.30）两边的导数，使一阶导数等于 0，就可以得到 $a_i = \lambda / 2\theta$。这是生态经济人选择成为消极环保型生态经济人所需要付出努力的最大值。付出的努力一旦超过这个值，消极环保型生态经济人就会转变成积极环保型生态经济人。

消极环保群体的下近似划分集和上近似划分集分别为：

$$\underline{B}(X) = \{u_i \in U \mid a_i(u_i) > \lambda/2\theta\}$$ 　　　　式（3.31）

$$\overline{B}(X) = \{u_i \in U \mid a_i(u_i) \geqslant \lambda/2\theta\}$$ 　　　　式（3.32）

下近似划分集是严格的生态经济人消极环保群体，而上近似划分集则是不严格的生态经济人消极环保群体。上近似划分集的部分生态经济人依据自身的收益支出情况也可能选择积极环保行为。当生态经济人之间相互独立，且生态污染品同质，即当 $\lambda a_i + \xi_i \leqslant \theta a_i^2 + \zeta_i (i = 1, 2)$ 时，只要有其中一个 $i$ 值符合条件，生态经济人会选择成为消极环保型生态经济人作为自己的占优策略，博弈均衡解为（消极环保型，消极环保型），执行消极环保契约。

在这类环保契约里，生态经济人甲的期望得益为：

$$E_1 = (1-n)(1-m)(\theta a_1^2 + \zeta_1 - \lambda a_1 - \xi_1 - \lambda a_2 - \xi_2)$$ 　　　　式（3.33）

生态经济人乙的期望得益为：

$$E_2 = (1-n)(1-m)(\theta a_2^2 + \zeta_2 - \lambda a_1 - \xi_1 - \lambda a_2 - \xi_2)$$ 　　　　式（3.34）

（2）生态经济人独立，生态污染品异质

在生态经济人相互独立，生态污染品异质的情况下，消极环保型生态经济人身份不可分辨关系 $IND$（$B$）为：

$$IND(B) = \{(u_i, u_j) \in U^2 \mid \forall b \in B, I_i^i(u_i, b) < C_i(u_i, b)\}$$ 　　　　式（3.35）

参与约束是 $\omega_i(\lambda a_i + \xi_i) \leqslant \theta \tau_i a_i^2 + \tau_i \zeta_i$　　　　式（3.36）

得到 $a_i = \lambda \omega_i / 2\theta \tau_i$。这是生态经济人选择成为消极型环保生态经济人所付出努力的最大值。

消极环保群体的下近似划分集和上近似划分集分别为：

$$\underline{B}(X) = \{u_i \in U \,\big|\, a_i(u_i) > \lambda \omega_i / 2\theta \tau_i\} \qquad 式（3.37）$$

$$\overline{B}(X) = \{u_i \in U \,\big|\, a_i(u_i) \geqslant \lambda \omega_i / 2\theta \tau_i\} \qquad 式（3.38）$$

当 $\omega_i \lambda a_i + \omega_i \xi_i \leqslant \theta \tau_i a_i^2 + \tau_i \zeta_i$，只要有其中一个 $i$ 值符合条件，生态经济人就会选择消极环保作为自己的占优策略，此时，博弈均衡解仍为（消极环保型，消极环保型），执行消极环保契约。

在这类消极环保契约里，生态经济人甲的期望得益为：

$$E_i = (1-n)(1-m)(\theta \tau_1 a_1^2 + \tau_1 \zeta_1 - \lambda \omega_1 a_1 - \omega_1 \xi_1 - \lambda \omega_1 a_2 - \omega_1 \xi_2) \quad 式（3.39）$$

生态经济人乙的期望得益为：

$$E_i = (1-n)(1-m)(\theta \tau_2 a_2^2 + \tau_2 \zeta_2 - \lambda \omega_2 a_1 - \omega_2 \xi_1 - \lambda \omega_2 a_2 - \omega_2 \xi_2) \quad 式（3.40）$$

（3）生态经济人不独立，生态污染品同质

此时，消极环保型生态经济人身份不可分辨关系 $IND$（$B$）为：

$$IND(B) = \{(u_i, u_j) \in U^2 \,\big|\, \forall b \in B, I_i^i(u_i, b) \leqslant C_i(u_i, b)\} \qquad 式（3.41）$$

约束条件是 $(1+r)(\lambda a_i + \xi_i) \leqslant \theta(1-r)a_i^2 + (1-r)\zeta_i$　　式（3.42）

然后得到 $a_i = \lambda(1+r) / 2\theta(1-r)$。

消极环保群体的下近似划分集和上近似划分集分别为：

$$\underline{B}(X) = \{u_i \in U \,\big|\, a_i(u_i) > \lambda(1+r) / 2\theta(1-r)\} \qquad 式（3.43）$$

$$\overline{B}(X) = \{u_i \in U \,\big|\, a_i(u_i) \geqslant \lambda(1+r) / 2\theta(1-r)\} \qquad 式（3.44）$$

当 $I_i^i \leqslant C_i$，即当 $(1+r)(\lambda a_i + \xi_i) \leqslant \theta(1-r)a_i^2 + (1-r)\zeta_i$，生态经济人 $i$ 选择消极环保是他的最优策略，（消极环保型，消极环保型）是此时博弈的均衡解，

执行消极环保契约。

在这类消极环保契约里面，生态经济人甲的期望得益为：

$$E_1 = (1-n)(1-m)[\theta(1-r)a_1^2 + (1-r)\zeta_1 - (1+r)(\lambda a_1 + \xi_1 + \lambda a_2 + \xi_2)]$$

式（3.45）

生态经济人乙的期望得益为：

$$E_2 = (1-n)(1-m)[\theta(1-r)a_2^2 + (1-r)\zeta_2 - (1+r)(\lambda a_1 + \xi_1 + \lambda a_2 + \xi_2)]$$

式（3.46）

（4）生态经济人不独立，生态污染品异质

此时，生态经济人消极环保群体身份不可分辨关系 IND（B）为：

$$IND(B) = \{(u_i, u_j) \in U^2 \mid \forall b \in B, I_i^i(u_i, b) \leqslant C_i(u_i, b)\}$$ 　式（3.47）

消极环保群体的下近似划分集和上近似划分集分别为：

参与约束是（$\omega + r$）$_i$（$\lambda a_i + \xi_i$）$\leqslant \theta$（$\tau_i - r$）$a_i^2 + \zeta_i$　　式（3.48）

然后得到，$a_i = \lambda$（$\omega_i + r$）$/2\theta$（$\tau_i - r$）。这是生态经济人选择消极环保行为时所需付出努力的最大值。

消极环保群体的下近似划分集和上近似划分集分别为：

$$\underline{B}(X) = \{u_i \in U \mid a_i > \lambda(\omega_i + r) / 2\theta(\tau_i - r)\}$$

式（3.49）

$$\overline{B}(X) = \{u_i \in U \mid a_i \geqslant \lambda(\omega_i + r) / 2\theta(\tau_i - r)\}$$

式（3.50）

当 $I_i^i \leqslant C_i$，即当 $(\omega_i + r)(\lambda a_i + \xi_i) \leqslant \theta(\tau_i - r)a_i^2 + \zeta_i$，生态经济人 $i$ 选择消极环保是他的最优策略。（消极环保型，消极环保型）是此时博弈的均衡解，执行消极环保契约。

在这类消极环保契约里，生态经济人甲的期望得益为：

$$E_1 = (1-n)(1-m)[\theta(\tau_1 - r)a_1^2 + (\tau_1 - r)\zeta_1 - (\omega_1 + r)(\omega_1 + r)(\lambda a_1 + \xi_1 + \lambda a_2 + \xi_2)]$$

式（3.51）

生态经济人乙的期望得益为：

$$E_2 = (1-n)(1-m)[\theta(\tau_2 - r)a_2^2 + (\tau_2 - r)\zeta_2 - (\omega_2 + r)(\lambda a_1 + \xi_1 + \lambda a_2 + \xi_2)]$$

式（3.52）

（五）动态模型分析

利用图 3.1 生态经济人得益矩阵进行动态博弈分析。生态经济人 $t$ 时期的期望得益为 $\begin{bmatrix} E_1(t) \\ E_2(t) \end{bmatrix}$，则他 $t+1$ 时期的期望得益为：

$$\begin{bmatrix} E_1(t+1) \\ E_2(t+1) \end{bmatrix} = \begin{bmatrix} E_1(t) \\ E_2(t) \end{bmatrix} + \begin{bmatrix} S_{11}(t+1) & S_{12}(t+1) \\ S_{21}(t+1) & S_{22}(t+1) \end{bmatrix} \times \begin{bmatrix} \Delta(I_1^1 + I_1^2 - C_1) \\ \Delta(I_2^1 + I_2^2 - C_2) \end{bmatrix} + \begin{bmatrix} \varepsilon_1(t) \\ \varepsilon_2(t) \end{bmatrix}$$

式（3.53）

其中，$\begin{bmatrix} E_1(t) \\ E_2(t) \end{bmatrix}$ 根据前文所述依据生态经济人是否独立，生态污染品是否同质，取值会有不同。$\Delta(I_1^1 + I_1^2 - C_1)$，$\Delta(I_2^1 + I_2^2 - C_2)$ 表示生态经济人甲、乙得益状态变量，$\begin{bmatrix} \varepsilon_1(t) \\ \varepsilon_2(t) \end{bmatrix}$ 为白噪声序列，$\begin{bmatrix} \varepsilon_1(t) \\ \varepsilon_2(t) \end{bmatrix} \sim NID\left[ 0, \begin{pmatrix} \sigma_1^2 & 0 \\ 0 & \sigma_2^2 \end{pmatrix} \right]$。

$S_{i,j}$ 是马尔科夫机制（$i, j = 1, 2$），$i$，$j$ 代表生态污染品是否同质和生态经济人是否独立两种状态。生态污染品在一定条件下是否同质可以相互转换，生态经济人由于各种各样的原因也有可能由之前的独立或者相关转化为之后的相关或者独立状态。假定 $S_{i,j}$ 服从一阶马尔科夫链，其常数转移概率为 $p_{u,v} = P_r$（$S_{i,j}(t+1) = u | S_{i,j}(t) = v$），表示从 $t$ 时刻转移到 $t+1$ 时刻发生的概率。

依据马尔科夫转移机制，对往期的期望得益进行递推。转换成移动平均式为：

$$\begin{bmatrix} E_1(t+1) \\ E_2(t+1) \end{bmatrix} = \begin{bmatrix} E_1(0) \\ E_2(0) \end{bmatrix} + \begin{bmatrix} A_{11} & A_{12} \\ A_{21} & A_{22} \end{bmatrix} \times \begin{bmatrix} \varepsilon_{1t} \\ \varepsilon_{2t} \end{bmatrix}$$

式（3.54）

$A$, $Q$ 代表滞后矩阵，$\begin{bmatrix} \varepsilon_{1t} \\ \varepsilon_{2t} \end{bmatrix}$ 是由当期及其滞后各期的累积值构成，因此可以表示为：

$$\begin{bmatrix} \varepsilon_{1t} \\ \varepsilon_{2t} \end{bmatrix} = \begin{bmatrix} S_{11} & S_{12} \\ S_{21} & S_{22} \end{bmatrix} \times \begin{bmatrix} Q_{11} & Q_{12} \\ Q_{21} & Q_{22} \end{bmatrix} \times \begin{bmatrix} \varepsilon_1(t) \\ \varepsilon_2(t) \end{bmatrix} \qquad \text{式（3.55）}$$

$$\text{令} \begin{bmatrix} B_{11}(0) & B_{12}(0) \\ B_{21}(0) & B_{22}(0) \end{bmatrix} = \begin{bmatrix} A_{11} & A_{12} \\ A_{21} & A_{22} \end{bmatrix} \times \begin{bmatrix} S_{11} & S_{12} \\ S_{21} & S_{22} \end{bmatrix} \times \begin{bmatrix} Q_{11} & Q_{12} \\ Q_{21} & Q_{22} \end{bmatrix}$$

则生态经济人期望得益可以表示成他们在初期的得益的递归形式为：

$$\begin{bmatrix} E_1(t+1) \\ E_2(t+1) \end{bmatrix} = \begin{bmatrix} E_1(0) \\ E_2(0) \end{bmatrix} + \begin{bmatrix} B_{11}(0) & B_{12}(0) \\ B_{21}(0) & B_{22}(0) \end{bmatrix} \times \begin{bmatrix} \varepsilon_1(t) \\ \varepsilon_2(t) \end{bmatrix} \qquad \text{式（3.56）}$$

式（3.56）可以理解为生态经济人甲乙在博弈里的一般表达形式，$t$ 时期后生态经济人甲和乙博弈得益状况可以依据式（3.56）递推得到。这里，对生态经济人甲和乙的参与限制是 $E_1(t) \geq 0$，$E_2(t) \geq 0$。即

$$mn(I_1^1(t) + I_1^2(t) - C_1(t)) + n(1-m)(I_1^1(t) - C_1(t) - I_1^2(t)) +$$
$$m(1-n)(I_1^2(t) + C_1(t) - I_1^1(t)) + (1-n)(1-m)(C_1(t) - I_1^1(t) - I_1^2(t)) \geq 0$$
$$mn(I_2^1(t) + I_2^2(t) - C_2(t)) + n(1-m)(I_2^1(t) + C_2(t) - I_2^2(t)) +$$
$$m(1-n)(I_2^2(t) - C_2(t) - I_2^1(t)) + (1-n)(1-m)(C_2(t) - I_2^1(t) - I_2^2(t)) \geq 0$$

然后在 $t+1$ 时期，生态经济人参与的最佳条件在生态保护方面，可以通过

$$\begin{bmatrix} \partial E_1(t+1)/\partial a_1 \\ \partial E_2(t+1)/\partial a_2 \end{bmatrix} \begin{bmatrix} \partial E_1(0)/\partial a_1 \\ \partial E_2(0)/\partial a_2 \end{bmatrix} + \begin{bmatrix} \partial B_{11}(0)/\partial a_1 & \partial B_{12}(0)/\partial a_1 \\ \partial B_{21}(0)/\partial a_2 & \partial B_{22}(0)/\partial a_2 \end{bmatrix} \times \begin{bmatrix} \varepsilon_1(t) \\ \varepsilon_2(t) \end{bmatrix} = \begin{bmatrix} 0 \\ 0 \end{bmatrix}$$

$$\text{式（3.57）}$$

积极环保型生态经济人的上下近似划分集分别为：

$$\underline{B}(X) = \{u_i \in U \mid \partial E_i(t+1)/\partial a_i > 0\} \qquad \text{式（3.58）}$$

$$\overline{B}(X) = \{u_i \in U \mid \partial E_i(t+1)/\partial a_i \geq 0\} \qquad \text{式（3.59）}$$

当 $I_i^i(t) \geq C_i(t)$，生态经济人将选择成为积极环保型生态经济人作为他们的主导战略。博弈均衡为（积极环保型，积极环保型），执行积极环保契约。否

则，生态经济人将选择成为消极环保型生态经济人作为其主导战略，执行消极环保契约。

## 三、生态经济人契约履行影响因素

博弈分析结果揭示了生态经济人的对生态保护付出的努力大小，生态经济人是否独立、生态污染品是否同质，都对生态经济人成本和收益的初始值及递推值具有明显的影响，影响关系如表 3.1 所示。事实上，表 3.1 显示了在静态以及动态的不同模型条件下，生态经济人自身的努力程度、生态经济人之间是否独立以及生态污染品是否同质等不同因素对生态经济人的身份类别以及期望得益的影响，而期望得益如同模型静态分析时所示，直接影响积极环保或者消极环保契约的执行。显然，生态经济人的环保努力程度 $a_i$，生态经济人收益系数 $\lambda$ 和污染物异质给生态经济人收益带来的变化后系数 $\omega$ 对生态经济人的得益具有正向影响，生态经济人成本系数 $\theta$，污染物异质给生态经济人成本带来的变化系数 $\tau$ 对生态经济人的得益具有负面影响。值得指出的是，生态经济人之间是否独立对生态经济人得益的影响是特殊的。它既有积极的影响，也有消极的影响。当它取正数时，它的影响是正向的。相反，当该值为负时，其影响为负向。

表 3.1　各变量对身份类别和契约的影响

| 情形 | 变量 | | 身份类别 / 契约类型 | 得益 $E$ |
|---|---|---|---|---|
| 生态经济人独立，<br>生态污染品同质 | $\lambda$、$a_i\uparrow$ | | 积极环保 | $E\uparrow$ |
| | $\theta\uparrow$ | | 消极环保 | $E\downarrow$ |
| 生态经济人独立，<br>生态污染品异质 | $\lambda$、$a_i$、$\omega\uparrow$ | | 积极环保 | $E\uparrow$ |
| | $\tau\uparrow\theta\uparrow$ | | 消极环保 | $E\downarrow$ |
| 生态经济人不独立，<br>生态污染品同质 | $\lambda$、$a_i\uparrow$ | | 积极环保 | $E\uparrow$ |
| | $\theta\uparrow$ | | 消极环保 | $E\downarrow$ |
| | $r\geq0$ | $r\uparrow$ | 积极环保 | $E\uparrow$ |
| | $r<0$ | $r\uparrow$ | 消极环保 | $E\downarrow$ |

续表

| 情形 | 变量 | | 身份类别 / 契约类型 | 得益 $E$ |
|------|------|------|------|------|
| 生态经济人不独立，生态污染品异质 | $\lambda$、$a_i$、$\omega\uparrow$ | | 积极环保 | $E\uparrow$ |
| | $\tau\tau\theta\uparrow$ | | 消极环保 | $E\downarrow$ |
| | $r\geq 0$ | $r\uparrow$ | 积极环保 | $E\uparrow$ |
| | $r<0$ | $r\uparrow$ | 消极环保 | $E\downarrow$ |

注：$S_{i,j}$ 的影响依转化后的具体状态而定。

## 四、本章小结

本章以生态环境系统个体为基础，立足于生态经济人个体，运用粗糙集和博弈论相结合的方法，刻画了生态经济人之间的博弈及契约履行。运用静态和动态两种分析方法对生态经济人的博弈进行了分析。其中，静态博弈分为生态经济人独立，生态污染品同质；生态经济人独立，生态污染品异质；生态经济人不独立，生态污染品同质和生态经济人不独立，生态污染品异质四种情况进行讨论说明。动态博弈分析借助马尔科夫转换机制进行说明。从生态经济人的博弈中，寻找出生态经济人的上、下近似集，并且找出生态经济人契约履行的轨迹。模型分析结果揭示了生态经济人对生态保护付出的努力大小，生态经济人是否独立和生态污染品是否同质对生态经济人的成本和收益具有重大的影响。生态经济人的环保努力程度 $a_i$，生态经济人收益系数 $\lambda$ 和污染物异质给生态经济人收益带来的变化后系数 $\omega$ 对生态经济人的得益具有正向影响；生态经济人成本系数 $\theta$，污染物异质给生态经济人成本带来的变化系数 $\tau$ 对生态经济人的得益具有负向影响。生态经济人之间的相关系数 $r$ 具有正向还是负向影响视具体情况而定。

本章通过粗糙集结合博弈论的方法对生态经济人身份识别和契约履行的进一步探讨，有助于拓展和推进生态经济人的研究。为了研究生态与经济的可持续发展，迫切需要对生态经济个体的行为规律做出更清晰的捕捉。另外，在方法运用上，本章将博弈论与粗糙集相结合。运用博弈论的方法，找出了生态经济人的上、下近似集。这两种方法的结合给生态经济学的研究带来了新思路。

# 第四章　生态经济人契约履行内因测算

如前文所述，假设生态经济人的收益函数为 $I(a_i)=\lambda_{a_i}+\xi$，成本函数为 $C(a_i)=\theta a_i^2+\zeta$。其中，$\xi$、$\zeta$ 为外生随机变量，$a$ 为生态经济人个体在生态行动中付出的努力水平（$a$ 为非负数），$a$ 反映的是生态经济人自身的内在努力，为生态经济人选择积极环保契约还是消极环保契约的内因；而 $\xi$、$\zeta$ 为外因，为生态经济人选择积极环保契约还是消极环保契约的外部原因。本章探索生态经济人在环保行动中付出的自身的内在努力水平 $a$。

## 一、生态经济人环保努力水平指标体系构建

生态经济人在环保行动中付出的努力水平是较难被量化的。为了了解生态经济人在环保行动中付出的努力水平，本章构建了一个衡量其努力水平的指标体系。国家发改委于 2016 年发布了《绿色发展指标体系》，把该指标体系作为中国生态文明建设评价的依据。与前文第二章生态经济人的成本和收益指标体系的构建保持一致，本书在此基础上再构建生态经济人在环保行动中付出的努力水平的衡量指标。生态经济人对环保付出的努力水平，真实反映在资源利用、环境治理、环境质量、生态保护和绿色生活等生态指标上。例如，生态经济人个体对环保付出的努力水平越多，生态经济人的能源消费

总量越低，单位 GDP 能源消耗降低越大，单位 GDP 建设用地面积降低率越
多等。然而，并非所有的用来计算生态经济人的成本和收益的指标都可以用
来度量生态经济人在环保行动中付出的努力。生态经济人付出的努力是为了
生态保护而做出的行为，旨在生态保护。因此这种努力是针对生态环境的。
但是在生态经济人的成本和收益中，增长质量指标是用来衡量经济生活条件
的，因此本部分指标剔除这类指标。另外，政府作为监管者，在生态环境中
的投入也不能计算到生态经济人个人的努力水平中，因此剔除政府投入的环
境污染治理投资、研究与试验发展经费等指标。

剔除完相应指标之后，生态经济人的努力程度可以划分为五大类指标，
包括资源利用、环境治理、环境质量、生态保护和绿色生活（剔除完指标的
权重按照平均加权方法分摊到剩余指标上）。为了便于进一步计算生态经济人
的努力水平，将指标体系（表 4.1 中的二级指标）分为正、负两类，表示为
"+""-"。其中，"+"表示该类指标提高了生态经济人的努力水平，"-"表示
该类指标降低了生态经济人的努力水平。

表 4.1　生态经济人在环保行为中付出努力评价指标体系

| 一级指标 | 二级指标 | 计量单位 | 指标权重 | +/- |
|---|---|---|---|---|
| 资源利用（权数 32.27%）（$C_1$） | 能源消费总量（$C_{11}$） | 万吨标准煤 | 2.48 | − |
| | 单位 GDP 能源消耗降低（$C_{12}$） | % | 3.73 | + |
| | 单位 GDP 二氧化碳排放降低（$C_{13}$） | % | 3.73 | + |
| | 用水总量（$C_{14}$） | 亿立方米 | 2.48 | − |
| | 万元 GDP 用水量下降（$C_{15}$） | % | 3.73 | + |
| | 单位工业增加值用水量降低率（$C_{16}$） | % | 2.48 | + |
| | 耕地保有量（$C_{17}$） | 亿亩 | 3.73 | + |
| | 新增建设用地规模（$C_{18}$） | 万亩 | 3.73 | − |
| | 单位 GDP 建设用地面积降低率（$C_{19}$） | % | 2.48 | + |
| | 综合能耗产出率（$C_{110}$） | 万元/吨 | 2.48 | + |
| | 一般工业固体废物综合利用率（$C_{111}$） | % | 1.22 | + |

续表

| 一级指标 | 二级指标 | 计量单位 | 指标权重 | +/- |
|---|---|---|---|---|
| 环境治理<br>（权数 =18.17%）<br>（$C_2$） | 化学需氧量排放总量减少（$C_{21}$） | % | 4.96 | + |
| | 氨氮排放总量减少（$C_{22}$） | % | 4.96 | + |
| | 二氧化硫排放总量减少（$C_{23}$） | % | 4.96 | + |
| | 生活垃圾无害化处理率（$C_{24}$） | % | 3.29 | + |
| 环境质量<br>（权数 =21.26%）<br>（$C_3$） | 空气质量优良天数比率（$C_{31}$） | % | 4.88 | + |
| | 省会城市 PM10 浓度下降（$C_{32}$） | % | 4.88 | + |
| | 地表水达到或好于Ⅲ类水体比例（$C_{33}$） | % | 4.88 | + |
| | 近岸海域水质优良（一、二类）比例（$C_{34}$） | % | 3.24 | + |
| | 单位耕地面积化肥使用量（$C_{35}$） | 千克／公顷 | 1.69 | - |
| | 单位耕地面积农药使用量（$C_{36}$） | 千克／公顷 | 1.69 | - |
| 生态保护<br>（权数 =18.16%）<br>（$C_4$） | 森林覆盖率（$C_{41}$） | % | 6.81 | + |
| | 森林蓄积量（$C_{42}$） | 亿立方米 | 6.81 | + |
| | 自然保护区占辖区面积比重（$C_{43}$） | % | 2.27 | + |
| | 新增水土流失治理面积（$C_{44}$） | 万公顷 | 2.27 | + |
| 绿色生活<br>（权数 =10.14%）<br>（$C_5$） | 绿色出行（城镇每万人口公共交通客运量）（$C_{51}$） | 万人次／万人 | 2.54 | + |
| | 农村自来水普及率（$C_{52}$） | % | 5.06 | + |
| | 农村卫生厕所普及率（$C_{53}$） | % | 2.54 | + |

注：近岸海域水质优良比例指标涉及辽宁、河北、天津、山东、江苏、上海、浙江、福建、广东、广西、海南 11 个省、直辖市、自治区；由于数据缺失，本书未包含西藏自治区、香港特区、澳门特区和台湾地区；由于数据缺失，新增水土流失治理面积不包括上海市。

## 二、生态经济人环保努力水平

同生态经济人的成本和收益计算方式一样，采用取极值的方法对各个指标进行标准化处理。测算中国的 30 个省、直辖市、自治区[①]的指标数据值，数据同样来源于《中国生态环境状况公报》《中国近岸海域环境质量公报》《中国林业统计年鉴》等。缺失数据和二氧化碳排放量的计算与生态经济人的成本和收益的指标做法相同。应用加权平均法计算努力水平，$a=\sum$二级指标 × 指标权重（二级指标和指标权重见表 4.1）。

---

① 由于数据缺失，本书未包含西藏自治区、香港特区、澳门特区和台湾地区。

随着人们越发认识到生态环境的重要性，生态经济人在保护生态方面付出了越来越多的努力。中国各地区生态经济人的努力呈现出明显的上升趋势。这种上升趋势在陕西省和宁夏回族自治区尤为明显。陕西生态经济人 2016 年付出的努力水平比 2003 年付出的努力水平提高了 43%，而宁夏回族自治区生态经济人付出的努力水平则提高了 33%。生态保护在中国已经成为一种全国性的意识。此处生态经济人付出努力的数值仍然采用的是地区的总值。尽管是地区的总值，但是仍然可以反映当地的生态经济人付出努力的情况（证明过程与第二章生态经济人的收益与成本类同）。

## 三、生态经济人环保努力水平各属性约简计算

生态经济人环保努力水平指标体系涉及的指标总共涉及 5 个指标大类，28 个细分指标。由于本书第三章已经揭示了生态经济人自身带有积极环保与消极环保身份区制转换的特征，又因为各个指标的测算都采用了标准化转换数据，所以不能简单地以一般的计量经济学回归计算各个细分指标对生态经济人自身内在努力的贡献程度。结合生态经济人自身的粗糙集定义方式，利用粗糙集方法计算生态经济人付出的努力水平中包含的各个属性对自身付出的努力水平的重要程度。粗糙集可以为数据分析提供更为科学、更为有效的数学评价方法，对处理不确定性和模糊性具有重要意义。

粗糙集建立在等价关系的基础上。$A$ 是可以描述 $X_i$ 的属性集，在集合 $A$ 里，不可分辨关系可以被表述为 $IND(A)$，$a(x_i)=a(x_j)$，$\forall a \in A$。因此，对于给定的 $A$，$X_i$ 和 $X_j$ 不可分辨。然而，粗糙集描述的不可分辨关系严格要求 $a(x_i)$ 必须等于 $a(x_j)$，这就导致粗糙集在许多实际应用中受到限制。为了克服这个缺点，学者们把粗糙集拓展到邻域粗糙集。在邻域粗糙集里面，不可分辨关

系可以发生在 $a(x_i)$ 和 $a(x_j)$ 的邻域里面（Bodjanova S，1997；Swiniarski R W and Skowron A，2003；Liu Z G，et al.，2014）。

对于任意的 $x_i$，$x_j$，$x_k \in U$ 和 $B \subseteq A$，$X_i$ 的邻域 $\delta_B(x_i)$ 在属性集合 $B$ 中可以被定义为：

$$\delta_B(x_i) = \{x_j | x_j \in U, \Delta^B(x_i, x_j) \leqslant \delta\} \qquad 式（4.1）$$

其中，距离函数 $\Delta$ 满足：

$$\Delta(x_i, x_j) \geqslant 0, \Delta(x_i, x_j) = 0 当且仅当 x_i = x_j \qquad 式（4.2）$$

$$\Delta(x_i, x_j) = (x_j, x_i) \qquad 式（4.3）$$

$$\Delta(x_i, x_j) + \Delta(x_j, x_k) \geqslant (x_i, x_k) \qquad 式（4.4）$$

与粗糙集方法相比，邻域关系的粗糙集模型更具灵活性。利用邻域粗糙集计算各地生态经济人的环保努力，步骤如下。

第一步，定义 $S = (U, A, V, f)$ 是生态经济人环保努力的一个决策表，$U = \{u_1, u_2, ..., u_n\}$ 是某个时刻的非空有限集合。$A$ 是属性集。$C \bigcup D = A$。$C$ 为条件属性集。根据生态经济人环保努力水平的指标体系，$C$ 可以分为 28 个指标。$D$ 是决策属性集。$D$ 值是根据历年各地区的中国环境状况公报中报告的结果得出的。当报告结论为"环境状况好于去年"或"污染减排任务提前完成"或类似积极正面的结论时，$D$ 值为 1；否则 $D$ 值为 0。$f: U \times A \to V$ 是映射函数。决策表可以写成表 4.2。

表 4.2　生态经济人环保努力决策表

| 地区 | 条件属性 | | | | | 决策属性 |
|---|---|---|---|---|---|---|
| | $C_1$ | $C_2$ | $C_3$ | $C_4$ | $C_5$ | |
| 北京<br>天津<br>……<br>新疆 | $C_{11}$　$C_{12}$　$C_{13}$<br>$C_{14}$　$C_{15}$　$C_{16}$<br>$C_{17}$　$C_{18}$　$C_{19}$<br>$C_{110}$　$C_{111}$ | $C_{21}$<br>$C_{22}$<br>$C_{23}$<br>$C_{24}$ | $C_{31}$　$C_{32}$<br>$C_{33}$　$C_{34}$<br>$C_{35}$　$C_{36}$ | $C_{41}$<br>$C_{42}$<br>$C_{43}$<br>$C_{44}$ | $C_{51}$<br>$C_{52}$<br>$C_{53}$ | $D$ |

注：$C_1$，$C_2$，$C_3$，$C_4$，$C_5$，$\cdots C_{53}$，指的是生态经济人环保努力程度指标体系中的指标，参照表 4.1。

第二步，设 *lammda*=2（*lammda* 是计算邻域半径的参数），*sig_cti*=0.001（*sig_cti* 是重要性下限的控制参数，取接近 0 的数字）。

第三步，找出正域 $C_x$。如果存在多个正域，则选择包含更多属性的正域。

第四步，选择正域 $C_x$ 并计算权重 $U(C_x)$。

第五步，假设第二级指数为 $U(C_{xh})$。$C_{xh}$ 在选定的一级索引下，依次删除，得到分区结果的权重，并计算 $U(C_x-C_{xh})$。

第六步，计算粗糙集意义下二级指标的相对重要性 $SGF(\{C_{xh}\})=U(C_x)-U(C_x-C_{xh})$。

计算结果如表 4.3 所示。表 4.3 列出了邻域粗糙集计算使用的样本数（11 760）、属性、依赖度以及权重等。

表 4.3　邻域粗糙集约简结果

| 样本数 | 属性 | 依赖度 | 权重 |
|---|---|---|---|
| 11 760 | 1. 能源消费总量（$C_{11}$） | 0.0238 | 2.1043 |
| | 2. 单位 GDP 能源消耗降低（$C_{12}$） | 0.1405 | 12.4226 |
| | 3. 用水总量（$C_{14}$） | 0.0286 | 2.5287 |
| | 4. 万元 GDP 用水量下降（$C_{15}$） | 0.0286 | 2.5287 |
| | 5. 单位工业增加值用水量降低率（$C_{16}$） | 0.0429 | 3.7931 |
| | 6. 耕地保有量（$C_{17}$） | 0.0857 | 7.5774 |
| | 7. 综合能耗产出率（$C_{110}$） | 0.0310 | 2.7409 |
| | 8. 化学需氧量排放总量减少（$C_{21}$） | 0.0333 | 2.9443 |
| | 9. 氨氮排放总量减少（$C_{22}$） | 0.0214 | 1.8921 |
| | 10. 二氧化硫排放总量减少（$C_{23}$） | 0.0810 | 7.1618 |
| | 11. 生活垃圾无害化处理率（$C_{24}$） | 0.1143 | 10.1061 |
| | 12. 空气质量优良天数比率（$C_{31}$） | 0.0357 | 3.1565 |
| | 13. 省会城市 PM10 浓度下降（$C_{32}$） | 0.0095 | 0.8400 |
| | 14. 地表水达到或好于Ⅲ类水体比例（$C_{33}$） | 0.0881 | 7.7896 |
| | 15. 森林覆盖率（$C_{41}$） | 0.0905 | 8.0018 |
| | 16. 自然保护区占辖区面积比重（$C_{43}$） | 0.1357 | 11.9982 |
| | 17. 新增水土流失治理面积（$C_{44}$） | 0.0357 | 3.1565 |
| | 18. 绿色出行（城镇每万人口公共交通客运量）（$C_{51}$） | 0.0357 | 3.1565 |
| | 19. 农村自来水普及率（$C_{52}$） | 0.0690 | 6.1008 |

注：约简结果是邻域粗糙集约简后的结果。依赖度表示约简结果对各个属性的依赖度。权重表示约简结果中各个属性的权重。

在表 4.3 中，用邻域粗糙集方法计算了生态经济人环保努力的约简结果。这些指标由能源消耗、水资源消耗、废气减排、自然保护区和高空气质量日数等构成。其中，能源消耗（权重 2.1043%+12.4226%）、水资源消耗（权重 2.5287%+2.5287%+3.7931%）、废气排放（权重 7.1618%+3.1565%）、自然保护区（权重 11.9982%）和无公害生活垃圾处理率（权重 10.1061%）对生态保护意义重大。根据邻域粗糙集方法的计算结果，在全国范围内，生活垃圾的能源消耗、水消耗、废气排放、自然保护区和无害化处理率占生态经济人改善生态状况所作努力的 52.6435%。这意味着，减少能源和水的消耗，保护自然保护区和减少废物排放是中国生态经济人保护生态环境的主要措施。

此外，森林覆盖率、农村自来水普及率等指标也能反映生态经济人对生态保护所作出的努力。提高植被覆盖率和自来水利用率，可以有效地减少垃圾排放的不良影响。根据邻域粗糙集的计算结果，针对森林覆盖率、农村自来水普及率等指标制定的措施也可以改善生态环境状况。

## 四、稳健性检验

### （一）粗糙集检验

结合生态经济人自身的粗糙集定义方式，利用粗糙集依赖度计算生态经济人付出的努力水平中包含的各个属性对自身付出的努力水平的重要程度。

寻找生态经济人的下近似划分集，即生态经济人的正域，然后通过以下步骤计算生态经济人的努力和各项指标的权重。

第一步，选择 1 级指标 $C_x$ 在表中，并计算其重量 $U(C_x)$。

第二步，假设 2 级指标为 $C_{xh}$。$C_{xh}$ 在选定的一级索引下，依次删除，得到分区结果的权重，并计算为 $U(C_x - C_{xh})$。

第三步，计算粗糙集意义下 2 级指标的相对重要性 $SGF(\{C_{xh}\})=U(C_x)-U(C_x-C_{xh})$。

计算结果如表 4.4 所示，pos 表示去掉相应属性后的正域，即去掉相应属性后的依赖度。依赖度表示计算出来的生态经济人环保努力水平对相应属性的依赖度。

表 4.4　生态经济人环保努力水平对相应属性的依赖度

| 属性 | pos | GAMA | 依赖度 |
|---|---|---|---|
| 全 | 393 | 1.0000 | —— |
| 能源消费总量（$C_{11}$） | 391 | 0.9949 | 0.0051 |
| 单位 GDP 能源消耗降低（$C_{12}$） | 390 | 0.9924 | 0.0076 |
| 单位 GDP 二氧化碳排放降低（$C_{13}$） | 386 | 0.9822 | 0.0178 |
| 用水总量（$C_{14}$） | 389 | 0.9898 | 0.0102 |
| 万元 GDP 用水量下降（$C_{15}$） | 393 | 1.0000 | 0.0000 |
| 单位工业增加值用水量降低率（$C_{16}$） | 393 | 1.0000 | 0.0000 |
| 耕地保有量（$C_{17}$） | 386 | 0.9822 | 0.0178 |
| 新增建设用地规模（$C_{18}$） | 393 | 1.0000 | 0.0000 |
| 单位 GDP 建设用地面积降低率（$C_{19}$） | 389 | 0.9898 | 0.0102 |
| 综合能耗产出率（$C_{110}$） | 393 | 1.0000 | 0.0000 |
| 一般工业固体废物综合利用率（$C_{111}$） | 393 | 1.0000 | 0.0000 |
| 化学需氧量排放总量减少（$C_{21}$） | 388 | 0.9873 | 0.0127 |
| 氨氮排放总量减少（$C_{22}$） | 393 | 1.0000 | 0.0000 |
| 二氧化硫排放总量减少（$C_{23}$） | 393 | 1.0000 | 0.0000 |
| 生活垃圾无害化处理率（$C_{24}$） | 393 | 1.0000 | 0.0000 |
| 空气质量优良天数比率（$C_{31}$） | 388 | 0.9873 | 0.0127 |
| 省会城市 PM10 浓度下降（$C_{32}$） | 387 | 0.9847 | 0.0153 |
| 地表水达到或好于Ⅲ类水体比例（$C_{33}$） | 388 | 0.9873 | 0.0127 |
| 近岸海域水质优良（一、二类）比例（$C_{34}$） | 393 | 1.0000 | 0.0000 |
| 单位耕地面积化肥使用量（$C_{35}$） | 391 | 0.9949 | 0.0051 |
| 单位耕地面积农药使用量（$C_{36}$） | 391 | 0.9949 | 0.0051 |

续表

| 属性 | pos | GAMA | 依赖度 |
|---|---|---|---|
| 森林覆盖率（$C_{41}$） | 393 | 1.0000 | 0.0000 |
| 森林蓄积量（$C_{42}$） | 393 | 1.0000 | 0.0000 |
| 自然保护区占辖区面积比重（$C_{43}$） | 393 | 1.0000 | 0.0000 |
| 新增水土流失治理面积（$C_{44}$） | 393 | 1.0000 | 0.0000 |
| 绿色出行（城镇每万人口公共交通客运量）（$C_{51}$） | 393 | 1.0000 | 0.0000 |
| 农村自来水普及率（$C_{52}$） | 393 | 1.0000 | 0.0000 |
| 农村卫生厕所普及率（$C_{53}$） | 393 | 1.0000 | 0.0000 |

计算方式如下。例如，扣除能源消费总量后，得到决策表的正域总数为 391，总体依赖度为 391/393=0.9949，表示去掉能源消费总量作为影响的属性后，引起了正域以及总体依赖度的改变，认为属性对于决策表来说是比较重要的。反之，如果去掉相应属性后，正域以及总体依赖度没有改变，则表示该属性比较不重要。各影响因素属性对决策表正域的改变程度从大到小依次排序为：

单位 GDP 二氧化碳排放降低＝耕地保有量＞省会城市 PM10 浓度下降＞化学需氧量排放总量减少＝空气质量优良天数比率＝地表水达到或好于Ⅲ类水体比例＞单位 GDP 建设用地面积降低率＝用水总量＞单位 GDP 能源消耗降低＞能源消费总量＝单位耕地面积化肥使用量＝单位耕地面积农药使用量＞万元 GDP 用水量下降＝单位工业增加值用水量降低率＝新增建设用地规模＝综合能耗产出率＝一般工业固体废物综合利用率＝氨氮排放总量减少＝二氧化硫排放总量减少＝生活垃圾无害化处理率＝近岸海域水质优良（一、二类）比例＝森林覆盖率＝森林蓄积量＝自然保护区占辖区面积比重＝新增水土流失治理面积＝绿色出行（城镇每万人口公共交通客运量）＝农村自来水普及率＝农村卫生厕所普及率。

粗糙集依赖度测试结果表明，生态经济人选择的是积极环保行为还是消极环保行为更多地体现在了对水资源等各种能源的消费总量以及空气的质量变化上。这个结论与邻域粗糙集的结论一致。值得说明的是，粗糙集计算一般应用于数据量较大的决策判断系统中。因为生态经济人环保行为努力指标体系涉及的细分指标较多，搜集的数据遍布中国 30 个省、直辖市、自治区 [①]，数据样本量为 11 760，因此采用粗糙集依赖度分析，对属性进行约简，在一定程度上可以提高解释的效率。需要说明的是，指标体系里面各个影响因素的数值都是标准化后的结果，而且粗糙集依赖度的计算只是大致说明了生态经济人契约的执行对各个指标因素属性的依赖度，结果能够揭示规律，但是相对来说，邻域粗糙集的计算结果更为科学。

### （二）遗传算法的粗糙集检验

遗传算法（GAs）是一种基于达尔文自然选择理论和遗传学的算法。该算法可以在一系列交替解的连续遗传和迭代计算后获得最优结果。它可以在不检查问题的所有可能解决方案的情况下，快速获得最优的结果。但数据和信息的增加限制了遗传算法的使用。粗糙集可以帮遗传算法克服这个弱点。将遗传算法与粗糙集理论结合具有结构简单、搜索效率高和求解速度快等优点。遗传算法的粗糙集在确定生态经济人环保所作出的努力的主要属性方面具有一定优势。具体计算步骤如下。

第一步，将原始数据转换为数据 {0,1}，数据转换成可能的值 0 或 1。当数据大于区域的平均值时，取值为 1，否则取值为 0。然后，初始数据就由二进制字符串 {0,1} 表示的个体构成，长度为 $n$（$n$ 表示条件属性的数目）。例

---

[①] 由于数据缺失，本书未包含西藏自治区、香港特区、澳门特区和台湾地区。

如，对于条件属性 $(c_1, c_2,..., c_n)$，如果单个包含属性 $i(i=1, ..., n)$，则 $c_i=1$；否则 $c_i=0$。

第二步，根据轮盘赌算法选择个体，根据交叉概率 $p_c(p_c=0.7)$ 和变异概率 $P_m(P_m=0.01)$ 生成新一代种群。当突变发生时，该属性对应的基因位点保持不变。

第三步，用适应度函数计算新一代数据集中每个个体的适应度。适应度函数是：

$$F(r) = \frac{n - n_r}{n} + \lambda_c(d) \qquad 式（4.5）$$

其中 $n_r$ 表示染色体 $r$ 中等于 1 的基因数。$\lambda_c(d) = \frac{pos_c(d)}{|U|}$，$pos_c(d)$ 表示决策属性 $d$ 在条件属性 $C$ 中的正域，$|U|$ 代表 $U$ 的基数。

第四步，停止规则。当迭代步骤达到最大代数 $Max\_Gen$（$Max\_Gen=150$）或者 $\lambda_{reduct(c)}(d) = \lambda_c(d)$，迭代停止。具体约简结果见表 4.5。

表 4.5　基于遗传算法的粗糙集的约简结果

| 样本 | 约简结果 |
|---|---|
| 11 760 | 1. 单位 GDP 能源消耗降低（$C_{12}$） |
| | 2. 单位 GDP 二氧化碳排放降低（$C_{13}$） |
| | 3. 用水总量（$C_{14}$） |
| | 4. 单位工业增加值用水量降低率（$C_{16}$） |
| | 5. 新增建设用地规模（$C_{18}$） |
| | 6. 一般工业固体废物综合利用率（$C_{111}$） |
| | 7. 化学需氧量排放总量减少（$C_{21}$） |
| | 8. 空气质量优良天数比率（$C_{31}$） |
| | 9. 省会城市 PM10 浓度下降（$C_{32}$） |
| | 10. 单位耕地面积化肥使用量（$C_{35}$） |
| | 11. 自然保护区占辖区面积比重（$C_{43}$） |
| | 12. 农村自来水普及率（$C_{52}$） |

注：约简结果是遗传算法的粗糙集约简后的结果。

表 4.5 用遗传算法的粗糙集方法报告了能够反映生态经济人在环保方面付出努力的主要指标的约简结果。与邻域粗糙集方法相比，遗传算法的粗糙集方法的选择能够反映生态经济人努力水平的指标较少，共有 12 个指标。在这 12 个指标中，有 8 个指标（$C_{12}$、$C_{14}$、$C_{16}$、$C_{21}$、$C_{31}$、$C_{32}$、$C_{43}$、$C_{52}$）与邻域粗糙集计算的指标相同。总的来说，能源消耗、废气排放和自然保护区是反映生态经济人环保努力程度的最重要指标。这一结论与邻域粗糙集方法一致。然而，在遗传算法的粗糙集方法中，算术运算只有两个可能的值：0 或 1。这两个可能的值在一定程度上限制了结果的准确性和科学性。与遗传算法的粗糙集方法相比，邻域粗糙集可以在统一的框架下用于数值和分类数据的混合。考虑到所使用的数据集的灵活性和正确性，本章使用邻域粗糙集的方法来揭示中国东部、中部和西部的约简结果。

## 五、中国东部、中部和西部地区约简结果

表 4.6 报告了中国东部、中部和西部的生态经济人环保努力约简结果。

**表 4.6　基于邻域粗糙集的中国东部、中部和西部地区约简结果**

| 地区 | 属性 | 依赖度 | 权重 |
|---|---|---|---|
| 东部 | 单位 GDP 二氧化碳排放降低（$C_{13}$） | 0.0143 | 3.2294 |
| | 用水总量（$C_{14}$） | 0.0143 | 3.2294 |
| | 万元 GDP 用水量下降（$C_{15}$） | 0.0286 | 6.4589 |
| | 耕地保有量（$C_{17}$） | 0.0071 | 1.6034 |
| | 一般工业固体废物综合利用率（$C_{111}$） | 0.0214 | 4.8329 |
| | 化学需氧量排放总量减少（$C_{21}$） | 0.0214 | 4.8329 |
| | 氨氮排放总量减少（$C_{22}$） | 0.0500 | 11.2918 |
| | 二氧化硫排放总量减少（$C_{23}$） | 0.0929 | 20.9801 |
| | 生活垃圾无害化处理率（$C_{24}$） | 0.0357 | 8.0623 |
| | 空气质量优良天数比率（$C_{31}$） | 0.0286 | 6.4589 |
| | 绿色出行（城镇每万人口公共交通客运量）（$C_{51}$） | 0.0500 | 11.2918 |
| | 农村自来水普及率（$C_{52}$） | 0.0071 | 1.6034 |
| | 农村卫生厕所普及率（$C_{53}$） | 0.0714 | 16.1247 |

| 地区 | 属性 | 依赖度 | 权重 |
|---|---|---|---|
| 中部 | 单位 GDP 能源消耗降低（$C_{12}$） | 0.0357 | 3.7033 |
| | 万元 GDP 用水量下降（$C_{15}$） | 0.0595 | 6.1722 |
| | 耕地保有量（$C_{17}$） | 0.1190 | 12.3444 |
| | 单位 GDP 建设用地面积降低率（$C_{19}$） | 0.1190 | 12.3444 |
| | 一般工业固体废物综合利用率（$C_{111}$） | 0.0238 | 2.4689 |
| | 氨氮排放总量减少（$C_{22}$） | 0.1667 | 17.2925 |
| | 二氧化硫排放总量减少（$C_{23}$） | 0.0119 | 1.2344 |
| | 生活垃圾无害化处理率（$C_{24}$） | 0.0357 | 3.7033 |
| | 空气质量优良天数比率（$C_{31}$） | 0.0357 | 3.7033 |
| | 省会城市 PM10 浓度下降（$C_{32}$） | 0.0357 | 3.7033 |
| | 地表水达到或好于Ⅲ类水体比例（$C_{33}$） | 0.0119 | 1.2344 |
| | 森林覆盖率（$C_{41}$） | 0.0595 | 6.1722 |
| | 森林蓄积量（$C_{42}$） | 0.0238 | 2.4689 |
| | 新增水土流失治理面积（$C_{44}$） | 0.1190 | 12.3444 |
| | 绿色出行（城镇每万人口公共交通客运量）（$C_{51}$） | 0.0476 | 4.9378 |
| | 农村卫生厕所普及率（$C_{53}$） | 0.0595 | 6.1722 |
| 西部 | 单位 GDP 能源消耗降低（$C_{12}$） | 0.2532 | 23.9184 |
| | 耕地保有量（$C_{17}$） | 0.0065 | 0.6140 |
| | 综合能耗产出率（$C_{110}$） | 0.0260 | 2.4561 |
| | 一般工业固体废物综合利用率（$C_{111}$） | 0.1234 | 11.6569 |
| | 化学需氧量排放总量减少（$C_{21}$） | 0.0390 | 3.6841 |
| | 生活垃圾无害化处理率（$C_{24}$） | 0.1039 | 9.8149 |
| | 空气质量优良天数比率（$C_{31}$） | 0.0325 | 3.0701 |
| | 地表水达到或好于Ⅲ类水体比例（$C_{33}$） | 0.0714 | 6.7448 |
| | 单位耕地面积化肥使用量（$C_{35}$） | 0.0455 | 4.2981 |
| | 森林蓄积量（$C_{42}$） | 0.0130 | 1.2280 |
| | 农村自来水普及率（$C_{52}$） | 0.2468 | 23.3138 |
| | 农村卫生厕所普及率（$C_{53}$） | 0.0974 | 9.2008 |

注：约简结果是邻域粗糙集约简后的结果。依赖度表示约简结果对各个属性的依赖度。权重表示约简结果中各个属性的权重。

对于中国东部地区，邻域粗糙集约简结果表明，生态经济人的环保行动主要表现在降低能耗、减少废弃物排放和节约用水等。其中，氨氮排放总量减少（$C_{22}$），二氧化硫排放总量减少（$C_{23}$），绿色出行（城镇每万人口公共交通客运量）（$C_{51}$），农村卫生厕所普及率（$C_{53}$）在约简结果中占比较高，说明对于中国东部地区，减少废气排放、提高农村生活设施以及倡导人们绿色出行是生态经济人环保的最佳选择。

中部地区的约简结果与东部地区类似，但是中部地区更强调耕地保有量、建设用地面积、森林维护以及水土流失治理等。黄河和长江两大水系在流经中部地区时，每年的水土流失问题比较严重，相较于东部地区，中部地区的生态经济人除了要降低能耗、减少废弃物排放、提高农村生活设施以及倡导绿色出行之外，还需要维护和改善耕地和建设用地、保护森林资源、治理水土流失等。

西部地区生态较为脆弱，经济相对落后，降低能耗（占比 23.9184%）和提高农村生活设施（占比 23.3138%+9.2008%）是西部地区生态经济人在环保行为中最主要的选择。除此之外，西部的生态经济人还须致力于改善废物综合利用、生活垃圾无害化处理、保护水资源和减少废弃物排放等。

总体而言，耕地保有量、一般工业固体废物综合利用、生活垃圾无害化处理率、空气质量优良天数比率和农村卫生厕所率是中国所有地区的共同指标。这意味着，降低能源消耗、减少废物排放（废气、固体废物、生活垃圾）和改善基础设施是中国改善生态环境的共同措施。

## 六、本章小结

本章根据国家发改委的《绿色发展指标体系》构建了生态经济人在环保行动中付出的努力水平的指标体系，把指标体系划分为 5 个大类，细分为 28 个指标。在测算出努力水平之后，本章进一步借助邻域粗糙集方法约简计算出各个具体属性对生态经济人环保付出的努力水平的重要程度，并且使用粗糙集方法和遗传算法的粗糙集方法对结果的稳健性进行了检验。

结果表明，随着人们逐渐意识到生态环境的重要性，中国各地区生态经济人在环保行动中付出的努力水平总体呈现上升趋势，生态保护已逐渐成为全国性的意识。由于中国东部、中部和西部的地区差异性，各个地区的生态经济人在环保行动中侧重的环保行为稍有不同。对于东部地区的生态经济人来说，降低能耗、减少废弃物排放、提高农村生活设施以及倡导绿色出行是他们比较好的选择；对于中部地区的生态经济人来说，他们需要采取降低能耗、减少废弃物排放、提高农村生活设施以及保护耕地、建设用地以及森林资源、综合治理水土流失等措施；对于西部地区的生态经济人，降低能耗、提高农村生活设施、综合利用废弃物以及减少废弃物排放、无害化处理生活垃圾以及保护水资源等是他们在环保行动中比较好的选择。

# 第五章　生态经济人契约履行内外因实证分析

## 一、生态经济人契约履行影响变量解析

本章在第四章测算出生态经济人环保努力水平的基础上，实证分析本书第三章中的契约履行，把第三章的理论分析进一步拓展到现实社会中。生态经济人对环保的努力水平是生态经济人契约履行的内因，生态经济人自身的努力是契约履行的内在的且根本的动力因素；但是除了内在原因外，生态经济人的契约履行还受外部环境因素的影响。外部环境因素的影响采用 IPAT 等系列模型的分析作为依据。

### （一）IPAT 系列模型

目前，以 IPAT 模型为基础的系列模型是学术界关于环境影响因素的常用分析模型，杜强等（2012），Fang 和 Miller（2013）运用 IPAT 模型分析了能源碳排放，Rosa 等（2014）运用 IPAT 模型分析了经济发展与水资源利用，Choi（2016）运用 IPAT 模型分析了经济增长对自然灾害的影响等。IPAT 模型由 Ehrlich 和 Holdren（1970）提出，将环境压力的影响因素分解为人口、财富和技术三类。

$$I=P*A*T \qquad\qquad 式（5.1）$$

*I*代表环境影响力（environmental impact），*P*代表人口（population），*A*是人均经济活动（per capita economic activity，代表财富），而*T*代表单位经济活动的影响（the impact per unit economic activity，代表技术）。

后来学者们对 IPAT 模型进行扩展，特别是 Dietz 和 Rosa（2003），基于 IPAT 模型的分析开发了 STIRPAT 模型（Stochastic Impacts by Regression and Population，Affluence and Technology）。STIRPAT 模型随后也被广泛引用。Shi A（2003）应用该模型分析了人口数量与二氧化碳排放量的关系，Lin 等（2009）应用该模型分析了中国的环境影响因素，卢娜等（2011）和龚利等（2018）应用模型分析了中国某个地区的能源消费碳排放。STIRPAT 模型沿用了 IPAT 模型的分析方法，把环境压力的影响因素分解为人口、财富和技术三类，但是模型的表现形式改为随机形式：

$$I=aP^bA^cT^de \qquad\qquad 式（5.2）$$

*I*, *P*, *A*, *T*, 代表的含义仍然与 IPAT 模型相同，只是模型变为随机形式。*e* 是残差项。把模型改写为对数形式：

$$\ln I=\ln a+b\ln P+c\ln A+d\ln T+\ln e \qquad\qquad 式（5.3）$$

尽管模型形式不尽相同，但是环境压力的影响因素大致是被公认的。本书以 IPAT 系列模型为基础，构建了影响生态经济人的因素，并将影响生态经济人的因素主要分为三类：人口、财富和技术。其中，财富类别包括地区生产总值（GDP）增长率、第三产业增加值（TI）和隐性经济（EOR）。技术类别包括研发支出（T）。人口类别包括人口密度（P）。

（二）MIMIC 模型测算隐性经济规模

GDP 核算是一种世界通用的国民经济核算准则，保证核算内容的完整性和全面性是国民经济核算的基本要求。然而，GDP 核算偶有遗漏，这一现象引起了世界的普遍关注。世界经济合作和发展组织将未被核算到 GDP 中的经济称为未被观测经济，将整个国民经济系统区分为官方经济系统和未被观测经济系统。未被观测经济系统包括了地下生产、非法生产、非正规部门生产、住户为自身最终使用的生产以及由于基础统计数据收集方案不完善而遗漏的生产五个子项（徐蔼婷、李金昌，2007）。对于这些未被观测经济，因为它们是隐性的，所以度量比较困难。如何度量这些隐性经济规模，很多学者进行了不懈努力。Giles（2007）提出多指标多原因模型方法（Multiple Indicator Multiple Causes，MIMIC），即利用货币需求方法结合结构方程模型，估算隐性经济规模。徐蔼婷、李金昌（2007）利用 MIMIC 模型测算了中国 1985—2005 年的隐性经济规模在 13%～18% 之间，杨灿明、孙群力（2010）应用 MIMIC 模型度量了 1998—2007 年中国 30 个省、直辖市、自治区的隐性经济规模。结果表明，中国各省市平均隐性经济规模在 1998—2007 年期间介于 10.5%～14.6% 之间，且呈现逐年缓慢上升趋势。

MIMIC 模型包含测量方程和结构方程，即，

$$\eta = r'x + \varsigma \qquad\qquad 式（5.4）$$

$$y = \lambda\eta + \xi \qquad\qquad 式（5.5）$$

这里，$\eta$ 是隐性经济与地区生产总值的比值，代表隐性经济规模。$X$ 是外生显变量，是 $X_1, X_2, ..., X_q$ 的集合。式（5.5）为测量方程，$y$ 为内生显变量向量，是 $y_1, y_2, ..., y_n$ 的集合。将式（5.4）代入式（5.5）可得：

$$y = \lambda(r'x + \varsigma) + \xi \qquad\qquad 式（5.6）$$

另外假设 $E(\varsigma\xi')=0$，$E(\varsigma^2=\sigma^2)$，$E(\xi\xi')=\Theta^2$，$\varsigma$ 和 $\xi$ 不相关。$\Theta^2$ 是下三角矩阵。得到协方差矩阵为：

$$\hat{\Sigma}=\sigma^2\lambda\lambda'+\Theta^2 \qquad \text{式（5.7）}$$

为了使模型被识别出来，在进行估算之前还必须先预设 $\lambda$ 的一个值后进行标准化。通常将产出作为尺度指标（徐蔼婷、李金昌，2007；Giles D E A，Tedds L M and Werkneh G，2007；杨灿明、孙群力，2010；Jaffe A B and Palmer K L，1997），设置值为1，然后对模型进行识别。政府规制、个人可支配收入、税收和自雇佣比例等是造成隐性经济的原因。实际地区生产总值增长率和失业率是隐性经济的指标变量。计算中国各省市隐性经济规模的数据来自中国各省市统计年鉴、《中国人口统计年鉴》《中国人口与就业统计年鉴》。计算中国各省市隐性经济规模的数据来源于中国各省市统计年鉴、《中国人口统计年鉴》《中国人口与就业统计年鉴》。中国各省市隐性经济规模计算结果见附录C。计算结果与徐蔼婷，李金昌（2007）（徐蔼婷、李金昌，2007）和杨灿明、孙群力（2010）中的数据大致一致。2003—2016 年间，全国的平均隐性经济规模在 15% 之上，东部地区和西部地区的隐性经济规模较高，中部地区的隐性经济规模较低。

（三）变量解析

本章以 IPAT 系列模型为基础，把影响生态经济人的成本和收益的影响因素划分为财富、技术和人口三类。

1. 财富类别

（1）地区生产总值（GDP）增长率。利用地区生产总值增长率表示当地经济发展水平。

（2）第三产业增加值（TI）。利用第三产业增加值与地区生产总值的比值表示。第三产业比第一产业和第二产业消耗更少的能源，造成的生态环境污染比其他行业少。

（3）隐性经济（EOR）。以隐性经济规模作为变量。

2. 技术类别

R&D 经费支出（T）。利用 R&D 经费支出与地区生产总值的比值来表示技术进步水平。R&D 经费支出可以反映政府对技术进步的投入，在一定程度上可以反映技术进步（Jaffe A B and Palmer K L，1997；Hamamoto M，2006）。

3. 人口类别

人口密度（P）。人口数量与经济发展、环境维护、能源利用和交通便利等问题密切相关。人口过多增长会给环境带来一定负面影响。本书用总人口与行政区面积的比值来表示当地人口的密度。

这些变量的测量单位不同。为了解决这一问题，本书采用标准化生态经济人收益和成本的公式，对这些变量的数据进行了标准化处理。

## 二、契约履行实证分析

生态经济人契约履行分为内因和外因两部分，内因即本书第四章测算出的生态经济人内在的努力水平，外因则划分为财富、技术和人口三类。考虑到第二章的分析结果，生态经济人自身具有在积极环保型和消极环保型身份间相互转换的特征，此处契约履行中的收益（$I$）和成本支付（$C$）就不能用一般的计量回归去捕捉，因此本节采用动态面板模型对收益（$I$）和成本支付（$C$）进行分析，并且区分为积极环保契约和消极环保契约两类（见本书第三章），模型设计为：

$$I_{it} = \lambda a_{it} + \xi_{it} = \lambda a_{it} + \alpha P_{it} + \beta GDP_{it} + \gamma EOR_{it} + \phi TI_{it} + \varphi T_{it} + \rho I_{it}(-1) + \mu$$

式（5.8）

$$C_{it} = \theta a_{it}^2 + \varsigma_{it} = \theta a_{it}^2 + \alpha' P_{it} + \beta' GDP_{it} + \gamma' EOR_{it} + \phi' TI_{it} + \varphi' T_{it} + \rho' C_{it}(-1) + \upsilon$$

式（5.9）

$i$=1, 2, ..., $N$; $t$=1, 2, ..., $T$, $\mu$, $\upsilon$ 为残差。表 5.1 展示了生态经济人契约履行的影响因素。

表 5.1 生态经济人契约履行的影响因素

| 变量 | lna/lna² | I（-1）/C（-1） | lnGDP | lnTI | lnT | lnEOR | lnP |
|---|---|---|---|---|---|---|---|
| 生态经济人选择积极环保契约 | | | | | | | |
| $I$ | 0.9116*** (0.0050) | 0.0534*** (0.0114) | 0.0003 (0.0005) | 0.0531*** (0.0046) | 0.0061* (0.0038) | 0.0851*** (0.0048) | -0.0157 (0.0122) |
| $C$ | -0.3086*** (0.0784) | 0.2134*** (0.0547) | -0.0019 (0.0041) | -0.2175*** (0.0642) | 0.2321*** (0.0268) | 0.3264*** (0.0822) | 0.3720 (0.4352) |
| 生态经济人选择消极环保契约 | | | | | | | |
| $\Delta I$ | 0.8457*** (0.0176) | -0.0273* (0.0140) | 0.0077*** (0.0027) | 0.0489 (0.0415) | 0.0377*** (0.0023) | -0.0345 (0.0140) | 0.0209 (0.0522) |
| $C$ | 0.1192** (0.0556) | -0.0799 (0.0767) | -0.0012 (0.0046) | -0.1897* (0.1140) | 0.0089 (0.0213) | 0.7816*** (0.1128) | 1.4641*** (0.2488) |

注：括号内是标准差，***，**，* 分别代表显著性水平 1%，5%，10%。在消极环保契约条件下，I 是收益的差分值，$a$，$a^2$，TI 也都是差分值。

进行单位根检验，结果如附录 D 所示。面板单位根检验揭示了进入动态面板模型的各变量的单位根检验结果平稳。其中，各个变量都选用对数的形式进入面板模型。除了当生态经济人选择消极环保契约时，生态经济人付出的努力水平、第三产业增加值和生态经济人的收益是一阶差分后平稳的之外，其余变量都是不需要差分就平稳的。

表 5.1 用的是广义矩估计 GMM 模型。广义矩估计 GMM 在进行面板模型估计的时候不需要已知变量的分布，只需要找到矩条件而不是整个密度函

数，允许模型存在异方差和相关性，这给生态经济人契约的成本和收益的函
数估计带来了极大的方便。表 5.1 展示了一阶差分 GMM 估计的模型结果。
对 GMM 估计结果选择 Sargen 检验。其中，当生态经济人选择积极环保契约
时，J-statistic 在收益函数时为 17.2981，在成本函数为 23.1153；当生态经济
人选择消极环保契约时，J-statistic 在收益函数时为 18.0245，在成本函数为
16.2110，通过 Sargen 检验，表明模型稳健。

表 5.1 的结果揭示了作为影响生态经济人契约成本和收益的内在因素。一
方面，由于生态经济人越努力，生态环境就越好，获得的收益就越高，因此，
生态经济人对环保付出的努力水平增加了生态经济人的契约收益；另一方面，
由于付出的努力本身就是生态经济人付出的成本之一，生态经济人在环保中
付出的努力水平也增加了生态经济人的契约成本。对于积极环保契约来说，
生态经济人付出的努力越多，结果越好，因为生态经济人付出的努力不但增
加了生态经济人的契约收益，还一定程度上降低了生态经济人支付的契约成
本。增加 1 单位的生态经济人付出的努力水平，可以引起生态经济人的环保
契约收益增加 0.9 单位，而成本则降低 0.3 单位。

对于影响生态经济人契约成本和收益的外部因素，表 5.1 表明不管是积极
环保契约还是消极环保契约，地区生产总值增长率的提高和第三产业增加值
的提高都能提高契约的收益，降低契约的成本。经济的增长提高了生态经济
人经济生活水平，提高了生态经济人的契约收益，降低了生态经济人的契约
成本。指标 T 代表投入研发技术的经费占地区生产总值的比重，研发投入的
增加一方面带来了技术的进步，使得生态经济人契约的收益增加；另一方面，
经费的投入使得生态经济人负担的成本增加，于是也提高了生态经济人契约
的成本。相似的，隐性经济规模的增加一方面带来了经济的增长，提高了生

态经济人的收益；另一方面，对生态环境规制的规避也使得生态经济人更加不注重环保，从而增加了生态经济人负担的生态环境恶化的成本。一般而言，人口密度的提高会增加生态经济人的成本，减少生态经济人的收益。人口的增加意味着越来越多的人使用资源，所以就会增加生态经济人契约的成本，而降低生态经济人契约的收益。但对于选择消极环保契约的生态经济人来说，由于本人选择了消极环保契约，于是本人得到了来自选择积极环保契约的生态经济人的正外部收益。因此1单位的人口密度的提高，反而引起选择消极环保契约的生态经济人的收益增加0.02单位。

值得指出的是，作为生态经济人的契约和成本的滞后一期值，当生态经济人选择积极环保契约时，滞后一期值给生态经济人下期的契约收益和成本带来了正向影响，而当生态经济人选择消极环保契约时，滞后一期值给生态经济人下期的契约收益和成本带来了负向影响。另外，在生态经济人选择消极环保契约的条件下，生态经济人的契约收益 $I$ 和付出的努力水平 $a$ 以及努力水平的平方数 $a^2$ 和第三产业的增加值都是取得对数之后的增加值，代表下期值对上期值各自的增长率。比如，在消极环保契约条件下，对于生态经济人的契约收益 $I$，对应的生态经济人付出的努力取值为 0.8457，这表示 0.8457 单位的生态经济人付出的努力的增加能够带来 1 单位的生态经济人收益的增加。

表 5.1 除了计算出了生态经济人契约的收益和成本，同样揭示了积极环保型生态经济人身份的不可辨关系，不可分辨关系 $IND（B）$ 为：

$$IND(B) = \{(u_i, u_j) \in U^2 \,\big|\, \forall b \in B, I_i^i(u_i, b) \geqslant C_i(u_i, b)\} \qquad 式（5.10）$$

其中，

$$\ln I = 0.9116 \ln a_{it} - 0.0157 \ln P_{it} + 0.0003 \ln GDP_{it} + 0.0851 \ln EOR_{it}$$
$$+ 0.0531 \ln TI_{it} + 0.0061 \ln T_{it} + 0.0534 \ln I_{it}(-1) + \mu \qquad 式（5.11）$$

$$\ln C = -0.3086\ln a + 0.3720\ln P_{it} - 0.0019\ln GDP_{it} + 0.3264\ln EOR_{it}$$
$$-0.2175\ln TI_{it} + 0.2321\ln T_{it} + 0.2134\ln C_{it}(-1) +$$

式（5.12）

执行积极环保契约的下近似划分集和上近似划分集分别为：

$$\underline{B}(X) = \{u_i \in U \,|\, a_i(u_i) < \lambda/2\theta\} = \{u_i \in U \,|\, a_i(u_i) < -1.4770\}$$ 式（5.13）

$$\overline{B}(X) = \{u_i \in U \,|\, a_i(u_i) \leqslant \lambda/2\theta\} = \{u_i \in U \,|\, a_i(u_i) \leqslant -1.4770\}$$ 式（5.14）

消极环保型生态经济人身份的不可辨关系 $IND(B)$ 为：

$$IND(B) = \{(u_i, u_j) \in U^2 \,|\, \forall b \in B, I_i^i(u_i, b) < C_i(u_i, b)\}$$ 式（5.15）

其中，

$$\Delta\ln I = 0.8457\Delta\ln a_{it} + 0.0209\ln P_{it} + 0.0077\ln GDP_{it} - 0.0345\ln EOR_{it}$$
$$+0.0489\Delta\ln TI_{it} + 0.0377\ln T_{it} - 0.0273\ln I_{it}(-1) + \mu$$

式（5.16）

$$\ln C = 0.1192\Delta\ln a^2 + 1.4641\ln P_{it} - 0.0012\ln GDP_{it} + 0.7816\ln EOR_{it}$$
$$-0.1897\Delta\ln TI_{it} + 0.0089\ln T_{it} - 0.0799\ln C_{it}(-1) + \upsilon$$

式（5.17）

执行消极环保契约的下近似划分集和上近似划分集通过计算也分别可得。

## 三、本章小结

本章利用实证分析，对生态经济人的契约履行进行了刻画。生态经济人的契约履行的影响因素分为内因和外因两个部分。内因即生态经济人在环保行动中付出的努力水平，外因即借助 IPAT 系列模型构建的外部影响因素，分为财富、人口和技术三个大类。

生态经济人自身存在积极环保和消极环保两种身份区制转换的特征，本章在分析时把生态经济人的契约履行划分为选择积极环保契约或消极环保契约两类，通过 GMM 模型进行动态面板估计。本章的实证分析，是对本书的第三章生态经济人博弈及契约履行的进一步补充和应用，把第三章理论模型的分析具体拓展到实际生活中。第三章的理论模型主要是粗糙集和博弈论的结合使用，本章进一步应用计量经济学方法，计算出粗糙集和博弈论结合使用后的实证结果，逐步加深了数学方法的应用。

# 第六章　基于气候的生态经济人规制有效性检验——碳排放权交易

鉴于政府规制对生态环境的影响力，本章开始加入政府因素作为第三方，分析政府对生态经济人的规制。政府对生态经济人的规制，就是政府通过生态辨识和系统规划，运用系统科学的手段规制生态经济人，改善生态经济人与生态之间的关系，促进人与生态系统的协调发展。它的本质是系统认识和重新安排生态经济人与生态之间关系政府规制行为。政府规制可以减少生态污染（Porter E M and Linde D V C，1995），John B.Cobb（2007）认为，为了追求生态与经济的平衡发展，人类的发展模式应当回归到合乎生态环境的实践方式，这需要政府参与引导。

Ehrlich P. R 等（1971）指出人口的增长与生态的恶化问题密不可分，Stem P. C 等（1992）更是直接指出人类行为直接导致生态环境变化，即这些行为直接改变生态环境的各个方面。人类行为是引起全球生态环境变化的潜在根源或社会驱动力（Stem P. C，et al.，1992；Li H and Sun D, 2014）。例如，为什么在单位经济产出的能源消耗方面，在不同社会中，甚至是先进工业社会之间存在如此大的差异？那是因为不同主体之间采取的生态环境保护行为不同。本书第二章和第四章的分析结果表明，"三废"排放，水体、森林和自然保护区的保护等是目前生态经济人在保护生态环境中面临的主要问题。生态经济人采取不同的生态环境保护行为导致了不同的生态问题，包括"三废"过量排放导致的发绿的河水，二氧化碳等温室气体过量排放导致的南极臭氧层空洞，以及过量采伐导致原始森林的大面积消失和洪水泛滥等问题。本章和第七章将分别从气候和水体、森林和自然保护区等生态保护方面探讨对生态经济人的规制问题。

二氧化碳的过量排放是生态经济人在环保活动中面临的巨大挑战之一，过量的碳排放给人类的生存环境带来了巨大的威胁。全球变暖已然成了目前人类面临的最大生存危机之一，由此产生减少碳排放量的需求，碳排放权交易就是在这一大背景下出现的一种市场化碳减排方法。从主体上看，碳排放权交易的载体必须明确到生态经济人身上，其实施的对象是地区里活动的生态经济人。碳排放权的交易对应的是能够承担责任的生态经济人个体，碳排放权的交易是生态经济人个体权利的转移，解读碳排放权交易的实施效果有助于理解政府当局对生态经济人的规制效果。

碳排放权交易体系的实施是中国气候规制政策史上的一个分水岭（Liu L, et al., 2015; Ren C and Lo A Y, 2017），使用碳排放权交易体系对于中国是一个相当新颖的尝试（Zhang Z, 2015）。作为未来一段时间里世界上最大的二氧化碳排放国，中国碳排放权交易政策的实施引起了全世界的关注。本章选取碳排放权交易作为基于气候的生态经济人规制的一个实例。

## 一、碳排放权交易

### （一）碳排放权交易介绍

以 1997 年 12 月于京都签订的《联合国气候变化框架公约》京都协定书的生效为起点，欧盟、美国等世界主要国家纷纷建立了碳排放权交易体系。碳排放权交易体系是促进全球温室气体减排和减少全球二氧化碳排放的市场机制（Liu L，Chen C and Zhao Y，et al.，2015）。在碳排放权交易体系中，一方支付另一方以获得碳排放许可证。买方使用购买的排放额度排放二氧化碳。碳排放权交易体系中的各方为了满足其产生的碳排放量，必须有足够的排放许可，通过控制碳排放量许可，碳排放权交易体系减少了全球碳排放量。

2010 年 10 月，国务院下发《国务院关于加快培育和发展战略性新兴产业的决定》，提出要建立和完善主要污染物和碳排放交易制度。2011 年，国家发改委发布《关于开展碳排放权交易试点工作的通知》，批准北京、天津、上海、重庆、广东、湖北和深圳 7 个省市开展碳排放权交易体系试点工作。然而，中国碳排放权交易体系仍不成熟。中国碳排放权交易体系还处于试点阶段，存在着市场参与度低、政府监管缺陷和缺乏激励机制等问题。这些问题可能导致中国碳排放权交易体系的政策实施效果不尽理想。为了更好地理解和评价中国碳排放权交易体系的实施效果，需要进行更深入的研究。由于深圳市隶属广东省，因此本章的研究对象确定为北京、天津、上海、重庆、广东和湖北 6 个省市。

## （二）碳排放权交易文献回顾

学者们对碳排放权的首次关注可以追溯到 20 世纪 60 年代，基于科斯第一定理的应用，Crocker（1966）认为产权手段对温室气体的减排目标产生了积极的作用。Garbaccio 等（1999）利用动态 CGE 模型研究以中国为例的发展中国家实施碳减排措施的模式，同样得出碳减排交易模式使得二氧化碳排放量大幅下降。也有一些学者研究了中国碳排放权交易体系。Hübler（2011），Weitzel 等（2012）认为，碳排放系统的实施将给中国带来积极的影响。Lo（2013），Liu Liwei 等（2015）认为，由于市场细分、参与度低、定价机制缺陷等多种原因，中国碳排放权交易体系将面临巨大挑战。

为了研究中国碳排放权交易体系的实施效果，本章采用了 Abadie 提出的合成控制法（SCM）（Gardeazabal A J，2003；Abadie A and Gardeazabal A J，2010；Abadie A，Diamond A J and Hainmueller J，2012）。与面板 DID 等其他研究方法相比，合成控制法可以克服处理组和参照组之间的差异问题，使研究结果更为科学准确。合成控制法主要应用于比较案例中，Abadie（2003），Gardeazabal（2003）运用合成控制法研究了西班牙巴斯克地区恐怖袭击对经济的影响，Abadie 等（2010）将合成控制法应用在研究美国加州控烟立法对降低人均烟草消费的作用情况中。Abadie 等（2012）又把合成控制法应用于研究东德和西德合并对德国经济的影响。Zhang Jun 等（2016）利用合成控制法对 2008 年北京奥运会对北京市空气质量的影响进行了估算，Victoria Castillo 等（2017）利用合成控制法对 2017 年区域产业政策对就业的因果影响进行了研究。

断点回归在 20 世纪 90 年代末开始被应用于处理经济学的问题。作为一种拟随机实验方法，断点回归分析在因果关系分析的实证方法中具有无法比拟的优越性。Hahn 等（2001）严格证明了断点回归的模型识别和估计效果，Lee（2008）认为在随机实验没法进行的情况下，断点回归能够避免变量间的内生性问题。本章应用断点回归方法估计了碳排放权交易政策实施前后一段时间内的因果关系，并通过因果关系推断政策实施效应的持续性。

## 二、变量选择

沿用 IPAT 系列模型，把碳排放量的影响因素拆分为人口、财富、技术和其他因素四大类（Ehrlich P R and Holdren J P，1970；York R，Rosa E A and Dietz T，2003）。其中，人口因素包含人口密度（P）；财富因素包括经济发展水平（GDP），工业产业水平（INDUSTRY），贸易水平（TRADE），对外开放水平（FDI）和隐性经济规模（EOR）；技术因素包括 R&D 投入（T）和能源使用（EU）。其他因素包含政府规制强度（ER）。各种变量说明见表6.1。

（一）被解释变量

二氧化碳排放量（$CO_2$）。本章与前文保持一致，通过借鉴陈诗一（2009）的做法，将能源标准煤系数转化为中国能源热量的度量单位。

（二）解释变量

1. 人口因素指标

人口密度（P）、人口数量与经济发展、环境维护、能源利用和交通便利等问题息息相关，人口对碳排放量是否具有决定性影响引起了学术界的广泛关注。本章用年末总人口与行政区域面积的比值表示当地人口密度。

**表 6.1 变量说明**

| 变量 | 变量分解 | 表达形式 | 数据来源 |
|---|---|---|---|
| 被解释变量 | | | |
| 二氧化碳排放量 | 二氧化碳排放量（$CO_2$） | 二氧化碳排放总量 | 1. 历年各省市统计年鉴<br>2. 历年中国环境统计年鉴 |
| 解释变量 | | | |
| 人口 | 人口密度（P） | 年末总人口与行政区域面积的比值 | 1. 历年各省市统计年鉴<br>2. 历年中国人口统计年鉴<br>3. 历年中国人口和就业统计年鉴<br>4. 历年中国能源统计年鉴 |
| 财富 | 经济发展水平（GDP） | 实际地区生产总值增长率 | |
| | 工业产业水平（INDUSTRY） | 第二产业产值与地区生产总值比值 | |
| | 贸易水平（TRADE） | 进出口总值与地区生产总值比值 | |
| | 对外开放水平（FDI） | 实际利用外商直接投资与地区生产总值比值 | |
| | 隐性经济规模（EOR） | 隐性经济与地区生产总值比值 | |
| 技术 | R&D 投入（T） | R&D 经费投入与地区生产总值比值 | |
| | 能源使用（EU） | 能源消耗与地区生产总值比值 | |
| 其他 | 政府规制强度（ER） | 工业污染治理投资与地区生产总值比值 | |

2. 财富因素指标

（1）经济发展水平（GDP）。用实际地区生产总值表示当地的经济发展水平。

（2）工业产业水平（INDUSTRY）。用第二产业产值与地区生产总值比值表示。第二产业对能源的消耗较大，从而产生相对较大的碳排放量。第二产业的产值与碳排放量有较密切的关系。

（3）贸易水平（TRADE）。贸易也是一个国家财富的重要来源之一，很多研究都表明了贸易增长与碳排放量具有明显的正相关性（Lin B Q and Sun C

W，2010），因此本章选取进出口总值与地区生产总值比值表示贸易水平。

（4）对外开放水平（FDI）。同贸易水平一样，对外开放也是影响一个国家财富的重要因素（Talukdar D and Meisner C M，2001；Jorgenson A K，2007；Perkins R and Neumayer E，2012），因此本章选取实际利用外商直接投资与地区生产总值比值表示对外开放水平。

（5）隐性经济（EOR）。本章选取隐性经济规模作为其中一个影响变量（采用 MIMIC 方法计算（徐蔼婷、李金昌，2007；Giles D E A，Tedds L M and Werkneh G，2007；杨灿明、孙群力，2010），与本书第五章的计算方法保持一致）。

3. 技术因素指标

技术进步是抑制碳排放量增加的重要因素（Copeland B R and Taylor M S，2003），大力促进技术进步一直以来是提高能源效率的有效途径。本章把技术因素指标拆分为以下两个指标。

（1）R&D 投入（T）。技术进步是能源效率持续提高的关键，而 R&D 投入是技术进步的重要源泉。R&D 经费投入与地区生产总值比值可以反映政府对技术进步的经费投入，在一定程度上可以反映技术进步水平。

（2）能源使用（EU）。用能源消耗与地区生产总值比值表示。单位产值的能源使用量越大，能耗越高。

4. 其他不可忽略的影响指标

政府生态规制对生态环境污染具有不言而喻的重要性，一般而言，政府生态规制越强，生态环境污染程度就越低。政府规制也是影响碳排放量的一项重要变量，因此，在研究中，无法忽略政府规制的存在。

政府规制强度（ER）。中国工业污染治理投资反映了政府进行生态环境规制的意愿，因而选取工业污染治理投资与地区生产总值比值代表生态环境规制强度。通常一个地区的生态环境规制越严格，这个地区对于工业污染治理的投资额就越大（郝淑双、朱喜安，2019；余长林、高宏建，2015）。

## 三、合成控制分析政策实施效应

### （一）模型构建

在随机实验中，一旦观察到实验组和控制组的结果，就可以计算出处理效果。但在实践操作中，往往只能观察到实验组的结果，不能观察到控制组的结果。此时可以使用合成控制法（Gardeazabal A J，2003；Abadie A and Gardeazabal A J，2010；Abadie A，Diamond A J and Hainmueller J，2012）。其基本思想是从控制组中找出能够拟合实验组的线性组合，从而构建出更为科学的合成控制结果。本章的合成控制主要步骤如下。

第一步，数据选取。样本数据选取 1999—2016 年。随着国家发改委 2011 年下发的《关于开展碳排放权交易试点工作的通知》，本章选取 1999—2010 年为事件前窗口期，2011—2016 年为事件后窗口期。

第二步，处理组和参照组。处理组为北京、天津、上海、广东、重庆和湖北，参照组为河北、山西、辽宁、吉林、黑龙江、江苏、浙江、安徽、福建、江西、山东、河南、湖南、海南、四川、贵州、云南、陕西、甘肃、青海、广西、内蒙古、宁夏和新疆 24 个省、直辖市、自治区。因为六个试点地区都进行了碳排放权交易的试点，所以在选择参照组时剔除这六个试点地区，又因为西藏的数据不齐全，对六个试点地区的合成影响也不大，所以在选择参照组时也剔除西藏的数据。由于香港特区、澳门特区和台湾地区的特殊性，香港特区、澳门特区和台湾地区的情况并不包括在样本中。样本数量为 5 940 份，控制组样本数为 4 554 份。

第三步，计算与估算。设 $Y_{it}^{NS}$ 是地区 $i$ 在时期 $t$ 没有实施碳排放权交易体系（$NS$）的结果变量，$Y_{it}^{S}$ 代表实施碳排放权交易体系（$S$）的结果变量。$Y_{it}$ 指已观测到的地区 $i$ 的实际碳排放量，$Y_{it}^{NS}$ 指未观测到的地区 $i$ 的虚拟碳排放量。

假设所有地区碳排放量的可能的潜在结果的通用形式为：

$$Y_{it} = Y_{it}^{NS} + a_{it}D_{it} \qquad \text{式（6.1）}$$

$i$ 代表地区 $i$，$t$ 代表 $t$ 时期。对于碳排放权交易的 6 个试点地区，如果 $t \geqslant 2011$ 则有 $D_{it}=1, a_{it}=Y_{it} - Y_{it}^{NS}$。$a_{it}$ 代表碳排放权交易体系的实施效果。

基于参照组的地区线性组合拟合成反事实结果。拟合出来的反事实结果可以被线性因子模型估计出来：

$$Y_{it}^{NS} = \delta_t + \theta Z_i + \rho_t u_i + \varepsilon_{it} \qquad \text{式（6.2）}$$

在式（6.2）里面，$\delta_t$ 是固定时间效应，每个地区的取值都相同；$Z_i$ 是地区 $i$ 的控制变量，系数 $\theta_t$，$u_i$ 具有局部固定效应，它们随着时间改变而且没法被观察到。$\varepsilon_{it}$ 是白噪声。

为了进一步估计出参照组的权重，需要进一步假设 $X_1$ 是处理组的事件前窗口期的 $K$ 个特征向量，$X_0$ 是控制组的事件前窗口期的 $K$ 个特征向量。权重向量为：

$W^* = (w_2^*, ..., w_{J+1}^*)'$，计算是利用最小距离公式 $\|X_1 - X_0 W\|_V = \sqrt{(X_1 - X_0 W)'V(X_1 - X_0 W)}$（Liu L，Chen C，Zhao Y，et al.，2015；Zhang Z，2015）。此外，在这个最小距离公式里面，$w_j \geqslant 0 (j = 2,3,...,J+1)$ 而且 $w_2 + w_3 + ... + w_{J+1} = 1$；$V$ 是一个对称的半正定矩阵，它代表了不同特征向量 $X$ 在结构权重中的相对重要性。控制组 $W^*$ 的权重取决于 $V$，而 $V$ 值根据均方

根百分比误差（RMSPE）进行选择，这使得合成控制个体能够更好地模拟政策实施前个体的轨迹。通过计算，可以得到线性组合的最优权重。这些最优权重是基于数据计算而得到的，这就避免了研究者主观选择参照组造成随机性的问题。

在实施碳排放权交易体系之前，合成控制地区的碳排放量可以估计为：

$$Y_{it} = \sum_{j=2}^{J+1} w_j^* Y_{jt} \quad t=1999,2000,...,2010, \quad Z_1 = \sum_{j=2}^{J+1} w_j^* Z_j \qquad 式（6.3）$$

在实施碳排放权交易体系之后，合成控制地区的反事实结果可以估计为：

$$\overset{\wedge}{Y}_{it} = \sum_{j=2}^{J+1} w_j^* Y_{jt}^{NS} \quad ,t=2011,2012,...2016 \qquad 式（6.4）$$

然后可以计算出政策的实施效果：

$$effect = \overset{\wedge}{Y}_{it} - \sum_{j=2}^{J+1} w_j^* Y_{jt}^{NS} \qquad 式（6.5）$$

合成控制法模型的基本思想是通过将参照组中的几个区域进行线性组合，从而构造出拟合度更高的合成控制区域。尽管参照组中的每个区域并非都与处理组中的区域相似，但可以通过加权平均构建与处理组中的实际区域非常相似的合成区域。该模型是基于数据导向的，从处理组的实际观察结果与拟合出来的合成地区的观察结果之间的差异可以估计出政策的效果。

（二）模型结果及分析

表6.2展示了各个真实地区与合成地区的预测变量之间的对比。从中可以看出，各个合成地区与真实地区还是比较相似的，在经济发展水平、隐性经济规模和工业产业水平等方面的数值都十分接近。在研发投入、贸易之间变量的区别稍大，这是因为省市间的研发投入比例和贸易值都大不相同，这样就导致拟合结果中研发投入与贸易变量之间有相对较大的差值；此外，合成过程中剔除了参与政策试点的地区，而这些试点地区，比如北京与上海在经济发展水平

上往往具有较大的相似性，因此这些相似试点地区的剔除给目标城市的合成带来了一些困难。但除了研发投入与贸易变量之外，各个省市的对外开放水平、经济发展水平、隐性经济规模等变量的合成拟合程度较高的。

表 6.2　真实地区与合成地区的预测变量值

| 地区 | | 变量 | | | | | | | | |
|------|------|------|------|------|------|-----------|------|----------|-------|------|
| | | FDI | GDP | EOR | POP | INDUSTRY | EU | RESEARCH | TRADE | ER |
| 北京 | 真实 | 0.0053 | 0.1208 | 0.1857 | 0.0956 | 0.2486 | 0.8565 | 0.0504 | 0.1511 | 0.0246 |
| | 合成 | 0.0073 | 0.1247 | 0.1806 | 0.0233 | 0.3035 | 0.9846 | 0.0041 | 0.03899 | 0.0241 |
| 天津 | 真实 | 0.0119 | 0.1485 | 0.1523 | 0.0929 | 0.5325 | 1.0567 | 0.0181 | 0.1122 | 0.0798 |
| | 合成 | 0.0021 | 0.1527 | 0.1458 | 0.0145 | 0.4978 | 1.4174 | 0.0181 | 0.0148 | 0.0498 |
| 上海 | 真实 | 0.0073 | 0.0977 | 0.1374 | 0.3004 | 0.4565 | 0.8979 | 0.0212 | 0.1718 | 0.0146 |
| | 合成 | 0.0045 | 0.1192 | 0.1139 | 0.0139 | 0.4275 | 1.2805 | 0.0062 | 0.0278 | 0.0228 |
| 重庆 | 真实 | 0.0022 | 0.1437 | 0.0636 | 0.0385 | 0.4447 | 1.0773 | 0.0082 | 0.0120 | 0.0113 |
| | 合成 | 0.0015 | 0.1392 | 0.0759 | 0.0208 | 0.3851 | 1.0554 | 0.0040 | 0.0132 | 0.0350 |
| 湖北 | 真实 | 0.0031 | 0.1502 | 0.1690 | 0.0324 | 0.4305 | 1.4530 | 0.0119 | 0.0126 | 0.0614 |
| | 合成 | 0.0029 | 0.1504 | 0.1507 | 0.0321 | 0.4333 | 1.4500 | 0.0119 | 0.0171 | 0.0574 |
| 广东 | 真实 | 0.0076 | 0.1344 | 0.1196 | 0.0446 | 0.4852 | 0.7370 | 0.0121 | 0.1739 | 0.0933 |
| | 合成 | 0.0071 | 0.1415 | 0.1469 | 0.0449 | 0.5054 | 1.0410 | 0.0121 | 0.0706 | 0.1131 |
| 参照组 | | 0.0029 | 0.1287 | 0.1602 | 0.0259 | 0.4597 | 1.4209 | 0.0095 | 0.0267 | 0.1006 |

表 6.3 展示了不同地区的合成地区的权重。例如，在北京的二氧化碳排放量城市合成中，合成区域包括海南（0.794）、黑龙江（0.095）和辽宁（0.111）。这意味着从二氧化碳排放量来看，海南的情况接近北京。在这几个区域里面，重庆市的合成效果最差。重庆市有其自身的特点，很难进行模拟，但合成控制方法最终发现广西壮族自治区的二氧化碳排放量情况最接近重庆市。

表 6.3　合成地区权重

| 真实地区 | 合成地区 | | | | RMSPE |
|---|---|---|---|---|---|
| 北京 | 海南 0.794 | 黑龙江 0.095 | 辽宁 0.111 | | 0.1929 |
| 天津 | 黑龙江 0.357 | 陕西 0.643 | | | 0.9601 |
| 上海 | 海南 0.344 | 黑龙江 0.656 | | | 0.2467 |
| 重庆 | 广西 1.000 | | | | 0.2304 |
| 湖北 | 安徽 0.364 | 贵州 0.061 | 海南 0.053 | 湖南 0.154 | 0.1370 |
| | 辽宁 0.095 | 陕西 0.236 | 山西 0.037 | | |
| 广东 | 福建 0.308 | 江苏 0.400 | 辽宁 0.210 | 陕西 0.077 | 0.1722 |

　　通过对真实地区和合成地区的结果进行比较得出结论：碳排放权交易体系对 6 个试点省市的碳排放量具有积极的影响。图 6.1 展示了实施碳排放权交易体系的 6 个试点地区及其各自的合成地区的二氧化碳排放量（实线代表真实地区，虚线代表合成地区）。2011 年碳排放权交易体系制度实施后，合成地区与真实地区的碳排放量差距进一步扩大。碳排放权交易体系加剧了真实地区和合成地区之间碳排放量的差异，尤其是天津地区，在 2011 年的差异值达到 10。这揭示了碳排放权交易体系的实施具有很强的积极作用。

　　总体而言，碳排放权交易体系的实施对北京、天津、湖北和重庆的影响更为明显。2011 年以后，北京、天津、湖北和重庆的碳排放量差距明显扩大。在这些地区，在碳排放权交易体系实施之前，代表真实地区和合成地区碳排放量的线接近，而实施后该线则明显分离。虽然与其他试点地区相比，上海和广东的碳排放权交易体系发挥的作用相对不明显，但上海和广东的真实地区的碳排放量与它们的合成地区相比呈现出下降趋势。模型结果表明，碳排放权交易体系的实施效果较好。碳排放权交易体系在一定程度上减少了碳排放量。图 6.1 展示了。6 个试点地区的真实地区和合成地区的碳排放量。

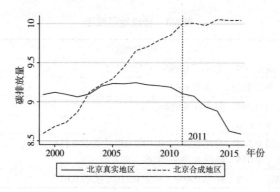

北京

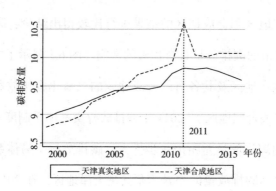

天津

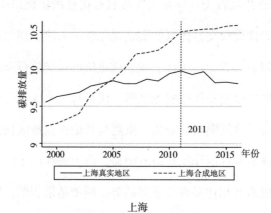

上海

图 6.1　真实地区和合成地区的碳排放量

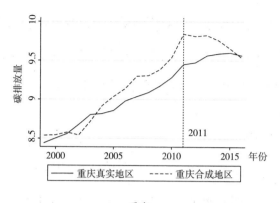

重庆

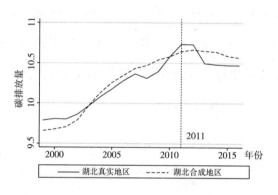

湖北

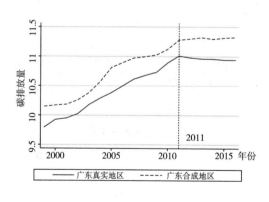

广东

图 6.1　真实地区和合成地区的碳排放量（续）

　　基于真实地区与合成地区的对比结果，合成控制法的结论表明，对于碳排放权交易政策的试点地区，该政策具有正效应，这说明碳排放权交易政策的推出在一定程度上抑制了碳排放并改善了生态环境。

　　（三）安慰剂检验

　　安慰剂检验是实证检验的一种工具，是反事实检验的一种，可以用来检验政策的实施效果。假设政策从来没有实施，会有什么结果。合成控制法通常应用安慰剂检验来检验政策实施效果（Abadie A and Gardeazabal A J，2010；Abadie A，Diamond A J and Hainmueller J，2012）。利用安慰剂检验碳排放权交易政策实施后碳排放量减少的现象是政策实施地区的偶然现象还是全国性现象。图 6.2 展示了安慰剂检验结果。

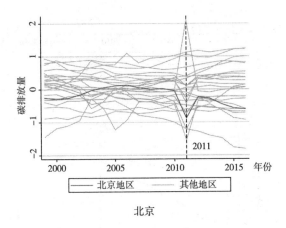

北京

图 6.2　安慰剂检验结果

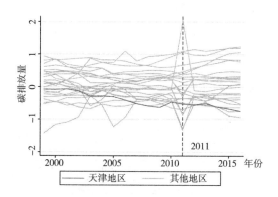

天津

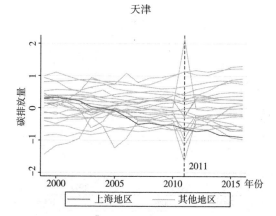

上海

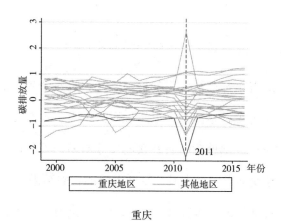

重庆

图 6.2 安慰剂检验结果（续）

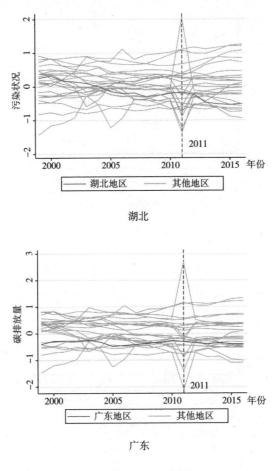

湖北

广东

图 6.2　安慰剂检验结果（续）

　　对参照组中的省市都进行安慰剂检验，计算出每个省市的碳排放量与合成省份的差距，作为统计检验，如果发现政策试点省市与参照组中其他省市的差距有显著的不同，那就意味着政策的实施有效。经检验，碳排放权交易政策的实施效果还是显著的，尤其北京和上海的检验结果（见图 6.2，深灰色线为安慰剂检验目标省市），碳排放量相较于其他地区大大降低。虽然广东的情况不如其他地区好，但结合预测变量的情况可以认为估计结果稳健。安慰剂检验结果表明，实施碳排放权交易体系可以减少中国的碳排放量。这一结论与 Hübler（2011），Weitzel（2012）等人的观点一致，他们认为，碳排放权交易体系的实施将对中国碳排放量的减少产生积极影响。

## 四、断点回归因果推断政策实施效果

### （一）断点回归模型

合成控制法的结果表明，碳排放权交易体系的实施给碳排放量带来了断点效应，说明了碳排放权交易体系实施效果的存在。但是政策实施因果关系的持续性却没法刻画出来。为了避免直接回归估计会使结果偏离真实值，本章利用断点回归确定碳排放权交易政策实施的因果推断分析，并依据分析结果判断政策实施效应的持续性。断点回归可以用来确定事件前后因果关系，它是一种相对较好的局部回归方式，然而它的使用前提是能够明确是哪个变量或者哪些变量引起的断点，而前期的合成控制分析刚好帮助确认了政策实施后引起的断点。本章利用断点回归方法考察碳排放权交易政策实施前后的任意窄的时间窗口的二氧化碳排放量与各变量之间的关系。建立断点回归模型如下：

$$\ln co_2 = \mu_0 + \alpha D_t + D_t \sum_{i=1}^{k} \beta_i t^i + \gamma X + \xi_t \qquad 式（6.6）$$

式（6.6）中，$D_t$ 为碳排放权交易政策，碳排放权交易政策实施前，$D_t=0$，碳排放权交易政策实施后，$D_t=1$。$t$ 为断点回归模型的处理变量，衡量距离碳排放权交易政策实施的时间长度，碳排放权交易政策实施前取负值，政策实施后取正值。$t^i$ 为 $t$ 的多项式函数。$X$ 为控制变量集合，包括经济发展水平、工业产业发展水平、隐性经济规模、贸易水平等变量，变量设定与合成控制法使用的变量保持一致。为了查看断点回归结果的稳健性，本章改变了多项式的阶数并对不同带宽水平下的回归结果进行了检验，发现结果变化不大，结果依然稳健。三阶和四阶的处理结果与一阶和二阶的情况类似，篇幅限制，不再赘述。

（二）模型结果及分析

表 6.4 展示了断点回归及稳健性检验的结果。三阶和四阶处理的结果与一阶和二阶处理的结果相似，因此这里省略了三阶和四阶处理的结果。从该系数可以很容易地推断出各因素对碳排放量的影响。总体而言，经济发展水平、经济开放程度、研究程度、人口密度和环境调节强度等因素对中国碳排放量的减少有积极影响，而隐性经济、产业水平、能源消费和贸易水平等因素对碳排放量的减少有消极影响。隐性经济、产业水平和能源消费对增加碳排放量起着决定性作用。政府的生态环境规制可以抑制碳排放量的增加。政府规制强度提高 1 单位，可以抑制近 0.1 单位的碳排放量。政府规制有效地减少了碳排放量。

**表 6.4　断点回归结果**

| 条件 | 变量 | | | | | | | |
|---|---|---|---|---|---|---|---|---|
| | lnFDI | lnGDP | lnEOR | lnP | lnINDUST | lnEU | lnT | lnTRADE |
| 一阶，带宽（2.257）<br>Adj R2　0.9985<br>RMSE　0.3778 | 1.0027<br>（1.1368） | -0.6362**<br>（0.3151） | 0.8563***<br>（0.2575） | -0.5791***<br>（0.1627） | 1.3151*<br>（0.6556） | 0.9615*<br>（0.6556） | -0.2754*<br>（0.1714） | 0.3642**<br>（0.1675） |
| 二阶，带宽（2.257）<br>Adj R2　0.9987<br>RMSE　0.3550 | -0.8581<br>（1.0690） | -1.0116***<br>（0.3597） | 0.8133***<br>（0.2431） | -0.6411***<br>（0.1566） | 1.1984*<br>（0.6193） | 1.0719*<br>（0.7676） | -0.3127*<br>（0.1623） | 0.3205*<br>（0.1591） |
| 一阶，带宽（3）<br>Adj R2　0.9985<br>RMSE　0.3809 | 0.9479<br>（0.8961） | -0.2377*<br>（0.1741） | 0.7605***<br>（0.2145） | -0.4480***<br>（0.1219） | 0.8246*<br>（0.4850） | 1.0632*<br>（0.6656） | -0.3053*<br>（0.1595） | 0.4433***<br>（0.1396） |
| 二阶，带宽（3）<br>Adj R2　0.9985<br>RMSE　0.3740 | -0.5705<br>（0.9055） | -0.6000**<br>（0.2728） | 0.7125***<br>（0.2148） | -0.5186***<br>（0.1273） | 0.8860*<br>（0.4775） | 1.0854*<br>（0.6553） | -0.2888*<br>（0.1607） | 0.3935***<br>（0.1400） |

注：***，**，* 分别表示在 1%，5% 和 10% 水平下显著，括号内为标准差。

## 五、本章小结

本章通过中国碳排放权交易体系的实施，以 6 个试点省市为例，阐述了政策实施的效果，探讨了政策的持续性。本章将合成控制法与断点回归模型相互结合，合成控制法揭示了由于中国碳排放权交易体系的实施导致的区域碳排放量的断点效应，而断点回归模型因果推断出了碳排放权交易体系的持续性。研究结果表明，中国碳排放权交易体系是合理的，也从侧面证明了中国政府规制的有效性。

与以往的研究相比，本章的研究贡献可以概括为：①利用合成控制法对碳排放权交易体系进行探讨，为碳排放权交易体系的研究带来了新的思路。通过合成控制法，验证碳排放权交易体系是否有效，碳排放是否存在由碳排放权交易体系的实施引起的断点；②利用断点回归对碳排放权交易体系的实施效果进行因果推断，推导出碳排放权交易体系的持续性。从反事实的角度来看，合成控制法用来分析政策效果更为科学，但是合成控制法不能用来推断政策实施效果的持续性。断点回归可以用来推断政策实施后的因果关系，但它不能确定实际引起断点的具体因素。本章将合成控制法与断点回归相结合，克服了合成控制法与断点回归方法自身的缺陷，为政策实施效果的研究提供了新的方法，这也是本章的一个重要意义。

# 第七章 基于水体等的生态经济人规制有效性检验——生态补偿机制

　　生态补偿机制是以保护生态环境、促进人与自然和谐为目的，根据生态系统服务价值、生态保护成本等，从以行政手段为主向综合运用法律、经济、技术和行政手段的转变，实现生态环境保护和不同利益群体的协调发展。生态补偿机制的实施给生态经济人带来的主要是公益性的效益，相对于经济效益等其他目标来说，生态补偿机制的目标显得相对脆弱，很容易成为急功近利的牺牲品。而生态补偿如果落实不到位，容易导致生态经济人持续或者反复破坏生态，还可能加剧社会矛盾。伴随着人口总量的增加，土地等自然资源要承受的压力日益加大，资源日益短缺，生态环境的恶化激起了人类对生态保护以及生态补偿的反思。生态补偿日益成为资源和环境管理的重要工具，很多学者认为它是跨界环境污染治理的核心内容 (Yang W et al., 2013; Kolinjivadi V et al., 2014; Lyle G, Bryan B and Ostendorf B, 2015)。生态补偿的范围涵盖了退耕还林、城市水源地的发展和保护、自然保护区的保护问题等。从本书第二章和第四章的结论可以发现，除了碳排放是生态经济人在环保问题中面临的主要挑战之外，森林、水源地以及自然保护区的保护是生态经济人在环保问题中面临的另一主要问题。本章基于这个出发点，研究长三角地区（参照 2010 年国务院批准的《长江三角洲地区区域规划》，长三角地区包含江苏省、浙江省和上海市两省一市）的生态补偿机制实施情况，给生态补偿机制的实施和完善提供更扎实的技术和实践支持。

与第六章碳排放权交易的分析不同的是，一方面，碳排放权交易的实施过程强调生态经济人个体的作用，而生态补偿机制作为一种制度创新，在实施初期阶段，更强调政府的主导作用，对完善生态补偿机制的公共服务起关键作用的是政府的主体责任。前者是基于以生态经济人个体为主体的研究，后者是基于政府为主体的研究。另一方面，第六章碳排放权交易针对的是某些试点地区的生态经济人，本章拓展研究的地域视角，把研究对象从试点地区扩大到整个区域，选取长三角地区作为研究对象，验证区域扩大之后政府生态规制的效果。此外，碳排放权交易是一项针对气候污染做出的规制措施，而生态补偿机制主要是基于水体、森林保护以及自然保护区保护等做出的规制措施。在生态经济人规制的内容上，碳排放权交易和生态补偿机制形成了相互补充。

## 一、长三角地区生态补偿

国外与生态补偿概念相似的有环境服务补偿（Compensation for Environmental Service，CES）、生态系统服务补偿（Compensation for Ecosystem Service，CES）等。生态补偿政策的研究是国内生态经济学研究的热点之一，很多学者关注制度的建设和完善，一般是从生态补偿的基本理论出发，分析现状及不足，吸收国内外的经验教训，从生态补偿投融资机制、管理和监督、评估和考核机制等方面提出完善中国生态补偿机制（毛显强 等，2002；孔伟 等，2019）。也有一些学者集中研究具体的某个生态资源的支付标准，即利用 CGE 模型，当量价值法和功能价值法等各种方法尝试如何在流域、农田、森林保护或大气污染治理等各个领域制定生态补偿标准。在现实生活中，生态补偿机制尚未真正建立起来，无法真正形成"谁开发谁保护、谁受益谁补偿"的格局，生态补偿标准和补偿方式仍须进行进一步的理论探讨和实践检验。

浙江省在全国较早地开展建立生态补偿机制的探索。2005 年，浙江省率先出台了省级层面的《关于进一步完善生态补偿机制的若干意见》。2008 年，浙江省将省财政转移支付对象进一步扩大到全省境内八大水系和流域面积 100 平方公里以上的一级源头和流域面积较大的市、县。自 2010 年开始，浙江省又开始实施"完善浙江省森林生态效益补偿制度"，生态补偿机制在全省范围内扩大到了森林领域。江苏省于 2008 年开始实施《江苏省太湖流域环境资源区域补偿试点方案》，2009 年编制《江苏省重要生态功能保护区域规划》，在全省划分了 12 类 569 个重要生态功能保护区。2010 年 7 月，苏州市创新出台《关于建立生态补偿机制的意见（试行）》，要让生态环境的守护者，通过生态补偿机制获取相应的经济补偿。同样的，上海市于 2009 年出台《关于建立健全本市生态补偿机制的若干意见》和《生态补偿转移支付办法》，2009 年通过了《上海市饮用水水源保护条例》，上海市各项政策的出台反映了生态补偿的实施推广到了全市范围并且涵盖了基本农田、公益林、水源地等多个方面。长三角地区是中国经济发展的领头羊之一，本章选择长三角地区的生态补偿机制作为研究对象，考虑到长三角地区生态补偿机制实施的具体状况以及政策实施效果，选取 2010 年作为生态补偿机制生效的起始年度，探索实施生态补偿机制的有效性以及持续性。

## 二、变量选择

本章沿用 IPAT 系列模型的结论，把生态环境的影响因素拆分为人口、财富、技术和其他这四类。变量数据来源于历年各省市统计年鉴、中国人口统计年鉴、中国人口和就业统计年鉴、中国能源统计年鉴及 EPS 数据库。

### （一）被解释变量

生态环境污染（EP）。建立生态补偿机制是贯彻落实科学发展观的重要举措，有利于推动生态保护工作。《国务院关于落实科学发展观加强环境保护的决定》关于如何加强环境保护中要求："要完善生态补偿政策，尽快建立生态补偿机制。"《"十四五"节能减排综合性工作方案》也在如何节能减排工作中明确要求改进和完善资源开发生态补偿机制。生态补偿机制以保护生态环境、促进人与自然和谐为目的，本章选取生态环境污染作为被解释变量（Xie R，Pang Y，Li Z，et al.，2013）。为了比较科学地衡量各地区生态环境污染的程度，本章选取工业废气排放量（魏巍贤、王月红，2019）、工业废水排放量和工业固体废弃物排放量（Jorgenson A K，2007）进行加权平均来度量中国各地区的生态环境污染程度。

### （二）解释变量

#### 1. 人口因素指标

人口密度（P）。用年末总人口与行政区域面积的比值表示当地人口密度。

#### 2. 财富因素指标

财富因素指标用以下三个主要经济发展指标进行衡量。

（1）经济发展水平（GDP）。用人均实际地区生产总值增长率表示。

（2）工业产业水平（INDUSTRY）。用第二产业增加值与地区生产总值的比值表示。

（3）隐性经济（EOR）。选取隐性经济规模作为其中一个影响变量，利用MIMIC方法测度隐性经济规模（变量与第五章保持一致）。

3. 技术因素指标

（1）研发投入（T）。用研发投入占地区生产总值的比重表示。研发投入经费可以反映政府对技术进步的经费投入，在一定程度上可以反映技术进步。

（2）能源使用（EU）。用单位生产总值的能源使用量表示。

4. 其他不可忽略的影响指标

政府规制强度（ER）。中国工业污染治理投资反映了政府进行环境管制的意愿，因而选取工业污染治理投资代表环境管制强度。

## 三、合成控制法分析机制实施效应

### （一）模型构建

本章合成控制法主要步骤如下：

第一步，数据选取。鉴于数据的可得性，样本数据选取1999—2016年。鉴于生态补偿机制的实施效果，本章选取2010年作为临界期，即1999—2009年为事件前窗口期，2010—2016年为事件后窗口期。

第二步，处理组和参照组。处理组为上海、浙江及江苏，参照组为北京、天津、广东、重庆、湖北、河北、山西、辽宁、吉林、黑龙江、安徽、福建、江西、山东、河南、湖南、海南、四川、贵州、云南、陕西、甘肃、青海、广西、内蒙古、宁夏和新疆27个省、直辖市、自治区。

第三步，计算与估算。与第六章合成控制法的计算方法保持一致，生态补偿机制实行之前，合成控制地区的生态环境污染强度可以估计为：

$$Y_{it} = \sum_{j=2}^{J+1} w_j^* Y_{jt}, \ t=1999,2000,...,2009, Z_1 = \sum_{j=2}^{J+1} w_j^* Z_j \qquad 式（7.1）$$

在生态补偿机制实行之后，合成控制地区的反事实结果（生态环境污染强度）可以估计为：

$$\hat{Y}_{it} = \sum_{j=2}^{J+1} w_j^* Y_{jt}^{NS}, \ \ t=2010,2011,...,2016 \qquad 式（7.2）$$

然后可以计算出两者之差即生态补偿机制的实施效果为：

$$effect = \hat{Y}_{it} - \sum_{j=2}^{J+1} w_j^* Y_{jt}^{NS} \qquad 式（7.3）$$

（二）模型结果及分析

表 7.1 显示了真实地区与合成地区的预测变量之间的对比。从表 7.1 可以看出，各个合成地区与真实地区的数值比较相似。特别是各个合成地区的经济发展水平（GDP）、工业产业水平（INDUSTRY）和研发投入（RESEARCH），能够逼近真实地区的水平。由于各省市自身在人口分布与能源使用上的差异，真实地区与合成地区的预测变量值在隐性经济（EOR）、能源使用（EU）之间的区别相对其他变量的区别稍大，但是仍然在可接受范围之内。

表 7.1　真实地区与合成地区的预测变量值

| 变量 | | | | | | | | |
|---|---|---|---|---|---|---|---|---|
| 地区 | | GDP | EOR | P | INDUSTRY | EU | T | ER |
| 浙江 | 真实 | 0.1312 | 18.3800 | 0.0449 | 0.5311 | 0.9139 | 0.0103 | 0.0632 |
| | 合成 | 0.1399 | 12.2887 | 0.0512 | 0.5082 | 0.9725 | 0.0108 | 0.2375 |
| 江苏 | 真实 | 0.1453 | 13.8543 | 0.0702 | 0.5416 | 0.8837 | 0.0134 | 0.1060 |
| | 合成 | 0.1411 | 13.4975 | 0.0585 | 0.5011 | 0.9544 | 0.0139 | 0.1055 |
| 上海 | 真实 | 0.0975 | 13.4720 | 0.2945 | 0.4595 | 0.9239 | 0.0206 | 0.0150 |
| | 合成 | 0.1153 | 13.8064 | 0.0476 | 0.3620 | 1.1539 | 0.0251 | 0.0267 |

表 7.2 报告了合成过程中长三角各个地区的合成地区权重组成。在浙江的生态环境污染状况合成中，合成地区包括广东（0.560）、山东（0.440），这表示广东与山东的生态环境污染状况与浙江最为接近。同样的，在江苏的生态环境污染状况中，合成地区包括广东（0.487）、江西（0.051）、陕西（0.058）、山东（0.070）以及天津（0.333）。其中，在五个合成地区中，广东的生态环境污染状况与江苏最为接近。在上海的生态环境污染状况中，北京与黑龙江的情况与上海最为接近。

表 7.2　合成地区权重

| 真实地区 | 合成地区 | | | | | RMSPE |
|---|---|---|---|---|---|---|
| 浙江 | 广东 0.560 | 山东 0.440 | | | | 0.0915 |
| 江苏 | 广东 0.487 | 江西 0.051 | 陕西 0.058 | 山东 0.070 | 天津 0.333 | 0.1291 |
| 上海 | 北京 0.431 | 海南 0.164 | 黑龙江 0.405 | | | 0.0417 |

图 7.1 是真实地区与合成地区的生态环境污染状况。其中实线是真实污染状况，虚线是合成污染状况。从图 7.1 可以看出，在 2010 年之前，合成地区与真实地区的拟合程度较好，但是在 2010 年后，合成地区与真实地区的污染差异情况（反映了实施生态补偿机制的效果）有了明显扩大的趋势，呈剪刀状喇叭口。真实地区的生态环境污染状况比合成地区的生态环境污染状况改善了很多，尤其是浙江和江苏，在生态补偿机制实行之后，真实地区比合成地区的污染状况改善的数值，分别在污染强度为 10 的水平上降低了 2 和 6，效果非常显著。

与浙江和江苏两个有所不同，上海相对较缺乏相应的生态补偿环境领域法律法规。尽管上海在 2009 年印发了《关于本市建立健全生态补偿机制的若干意见》和《生态补偿转移支付办法》，但是《意见》和《办法》未能上升到法规执行的高度，影响了权威性。此外，虽然上海的生态补偿涉及项目较多，包括了植树造林、保护湿地和水系治理等方面，但相对于浙江和江苏，对自然资源的保护，生态型产业发展以及生态环境污染治理、基础设施和公共服务等领域，生态补偿覆盖面仍明显偏小。这就导致了相较浙江和江苏，上海的生态补偿机制实施效果比较不明显，故图7.1中上海市的污染情况在断点附近出现了先下降后增长的情况。然而，尽管上海市的改善趋势有所反复，也更改不了生态补偿机制实施之后当地生态环境污染降低的事实（地区的污染状况与拟合地区的状况差异在机制实施之后进一步扩大）。总而言之，生态补偿机制的推出改善了长三角地区的生态环境状况。长三角地区的生态补偿机制正在影响着长三角地区地方政府的发展导向，倒逼发展转型，寻求绿色发展。

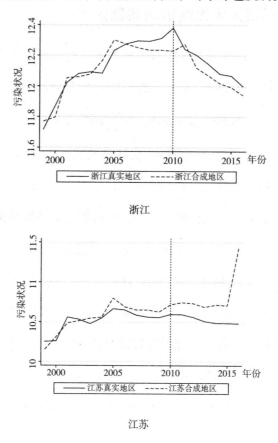

浙江

江苏

图 7.1 真实地区（实线）与合成地区（虚线）生态环境污染状况

上海

图 7.1　真实地区（实线）与合成地区（虚线）生态环境污染状况（续）

## 四、断点回归因果推断机制实施效果

下文用断点回归分析考察生态补偿机制实施前后的任意窄的时间窗口的生态环境污染与各变量之间的关系。建立断点回归模型如下：

$$\ln EP = \mu_0 + \alpha D_t + D_t \sum_{i=1} \beta_i t^i + \gamma X + \xi_t \qquad \text{式（7.4）}$$

式（7.4）中，虚拟变量 $D_t$ 为生态补偿机制，生态补偿机制实施前，$D_t$=0，生态补偿机制实施后，$D_t$=1。$t$ 为断点回归模型的处理变量，衡量距离生态补偿机制实施的时间长度，生态补偿机制实施前取负值，生态补偿机制实施后取正值。$t^i$ 为 $t$ 的多项式函数。$X$ 为控制变量集合，包括经济发展水平（GDP）、工业产业发展水平（INDUSTRY）、隐性经济规模（EOR）、研发投入（T）、能源使用（EU）以及政府规制（ER）等变量，变量设定与合成控制法使用的变量保持一致，变量采用对数形式。为了查看断点回归结果的稳健性，本章改变了多项式的阶数 $i$ 并对不同带宽水平下的回归结果进行检验，发现结果变化不大，依然稳健。三阶和四阶的处理结果与一阶和二阶的情况类似，篇幅限制，不再赘述。

表7.3　断点回归结果

| 变量 | | | | | | | | | | |
|---|---|---|---|---|---|---|---|---|---|---|
| lnGDP | lnEOR | lnP | lnINDUSTRY | lnEU | lnT | lnER | $D_t$ | $t$ | $D_t*t$ | $D_t*t^2$ |
| 一阶，带宽（2.10） | | | Adj R² | 1 | MSE | 0.0091 | | | | |
| 0.0505* | 0.1650*** | 0.0342 | 1.4754*** | 0.3396 | 0.6201* | -0.0238** | 0.0575* | -0.0767*** | -0.0150 | — |
| （0.0271） | （0.0295） | （0.0962） | （0.2273） | （0.2089） | （0.2722） | （0.0078） | （0.0299） | （0.0149） | （0.0136） | |
| 一阶，带宽（3.10） | | | Adj R² | 1 | MSE | 0.0224 | | | | |
| 0.0024* | 0.1215** | 0.1061 | 1.5220*** | 0.3615 | 0.3846 | -0.0138 | -0.0207 | -0.0829*** | -0.0284* | — |
| （0.0384） | （0.0400） | （0.1167） | （0.3287） | （0.3116） | （0.3473） | （0.0109） | （0.0347） | （0.0194） | （0.0165） | |
| 二阶，带宽（2.10） | | | Adj R² | 1 | MSE | 0.0091 | | | | |
| 0.0505* | 0.1650*** | 0.0342 | 1.4754*** | 0.3396 | 0.6201* | -0.0238** | 0.0675** | -0.0766*** | 0 | 0.005 |
| （0.0271） | （0.0295） | （0.0962） | （0.2273） | （0.2089） | （0.2722） | （0.0078） | （0.0237） | （0.0149） | | （0.0046） |
| 二阶，带宽（3.10） | | | Adj R2 | 1 | MSE | 0.0224 | | | | |
| 0.0138 | 0.1384*** | 0.0933 | 1.2886*** | 0.5632 | 0.4192 | -0.0128 | 0.0712 | -0.0924*** | 0.0600 | 0.0216 |
| （0.0399） | （0.0431） | （0.1171） | （0.3996） | （0.3681） | （0.3482） | （0.0109） | （0.0962） | （0.0215） | （0.0880） | （0.0211） |

注：***，**，* 分别表示在1%、5%和10%水平下显著，括号内为标准差。

表7.3显示了断点回归一阶和二阶处理结果。断点回归结果显示，生态环境污染状况的改善得益于生态补偿机制（$D_t$）的实施。综合生态补偿机制以及生态补偿机制与时间的交叉项（$D_t*t$，$D_t*t^2$）的影响结果，生态补偿机制的实施在总体上降低了生态环境污染。随着时间（$t$）的推移，生态补偿机制对降低生态环境污染的效果仍然显著。这表明生态补偿机制的实施效果是可持续的。从表7.3的系数结果很容易识别出各因素对生态环境污染的持续影响。总体而言，经济包括隐性经济的发展、工业增加值占比的提高、单位产值能源使用的增加以及人口密度的提升加剧了生态环境污染的程度。改革开放四十年，中国GDP实现了快速增长，然而我们也看到，中国生态环境污染问题日益严重，生态环境污染压力与日俱增。四十多年中国经济高速增长的同时，付出了生态环境遭受污染的沉重代价。目前，中国工业供给结构与需

求结构不断优化，利用自主创新技术的强劲支撑，工业结构调整以资源供给增加和存量优化为主体，在发展先进技术支撑的背景下，补足工业结构优化后续动力，减少工业耗能造成的生态污染偏高的情况。与先进的发达国家相比较，中国有很多工业企业节能降耗的效果不平衡，采用的节能设备、主要工艺设备、主要耗能设备未能达到节能目标，部分工业高耗能、高污染状况还没有从根本上得到改善。此外，由于缺乏全面的科学思想和系统的方法论，出于对利益的诉求，企业往往追求隐性经济的发展以规避政府对环境的管制。这就造成了另一种不平衡、不协调和不可持续的状况，企业在生产过程中并没有减少污染物排放、降低能源消耗，没有把生态经济作为转变企业发展模式的基本途径，也没有将绿色发展理念贯穿到人文、社会、经济、制度和文化等层面。

表7.3同样展示了人口发展与生态的环境污染问题间不可调和的矛盾。中国传统的经济增长是典型的依靠人口红利的增长模式，虽然人口红利一度支撑了中国工业和城市的快速发展，但是由于资源的过度消耗，造成了资源型结构扭曲，这种以破坏资源和环境为代价的发展思路阻碍了经济的可持续发展，因此，科学地规划人与生态、资源之间的发展关系才是维持可持续发展的重要途径。

与经济增长、工业产值占比等因素不同，政府规制可以降低生态环境污染。地方政府越来越重视生态经济的发展，与生态环境污染相关的生态税收、生态产权基础等政策的实施有密切关系，这有助于有效地降低生态环境污染。与预期不同的是，研发水平（T）的提高并未能降低生态环境污染，这说明依靠提升研发水平达到降低生态环境污染目的的途径还需要进一步地积极探索。研发投入的增加转化为减少生态环境污染的能力依然不足。

表7.3揭示了生态补偿机制实施效果对降低生态环境污染的可持续性。生态补偿机制的实施，从长远来看，确实显著降低了生态环境污染。要使生态补偿机制的实施发挥最佳的效果，需要同时关注其他问题，诸如经济增长、科研投入等。对于中国而言，传统的经济对资源比较依赖，而高水平科学技术的积累较少，经济的增长并未以创新驱动为根本动力，创新水平仍然有待提高。在经济增长的同时，要建立促进研发节能环保技术的制度，提高资源的使用效率，鼓励绿色经济和废弃物循环利用，加快淘汰落后产能，创新资源结构优化升级机制，实现社会、生态和经济效益可持续发展的目标。

## 五、安慰剂检验

安慰剂检验是实证检验的一种工具，是反事实检验的一种，可以用来检验政策的实施效果。本章利用安慰剂检验判断生态补偿机制实行后生态环境污染状况改善是生态补偿实施地区的偶然现象还是全国性现象。对参照组中的省市，计算出每个省市的生态环境污染状况与合成地区的差距。如果发现处理组与处理组合成地区的差距与参照组中省市与参照组各自的合成地区的差距有显著的不同，那么意味着生态补偿机制的实施是有效果的。图7.2为安慰剂检验结果。结果显示，在实行生态补偿机制之后，长三角地区的生态环境污染得到了改善。这表示，经安慰剂检验，生态补偿机制的实施效果在一定程度上是显著的。

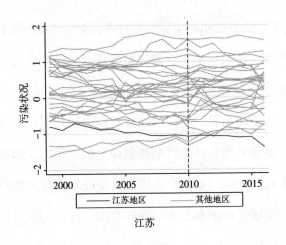

江苏

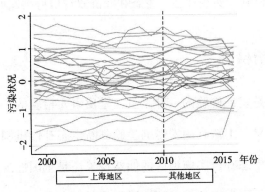

上海

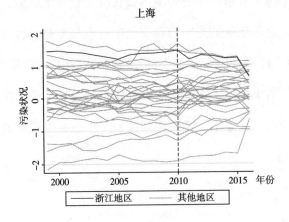

浙江

图 7.2　安慰剂检验结果

　　然而，安慰剂检验可能存在选择的断点数量偏少和随机性不足等问题，导致检验结果出现偏差。为了克服上述问题，本章进一步采用了 Bootstrap 的再抽样技术进行安慰剂检验，具体实施步骤如下。

　　第一步，剔除处理组（长三角地区），对参照组在处理组的断点附近随机 Bootstrap 抽样 10 000 次，获得样本。

　　第二步，对 Bootstrap 样本在断点附近进行断点回归分析，比较断点回归结果与处理组断点回归结果的差别。

　　第三步，以 90% 作为置信区间，如果在预先给定的第一类错误 $\alpha=0.1$ 的水平下，若断点回归的系数结果无法通过检验，则表示断点回归结果不明显。

　　表 7.4 结果显示，检验系数在 90% 置信区间内并不显著，进一步证明参照组的断点效果不明显。这从反面表明，生态补偿机制的实施确实给处理组地区带来了可持续的降低生态环境污染效果。

**表 7.4　Bootstrap 安慰剂检验结果**

| 变量 | | | |
|---|---|---|---|
| $D_t$ | $t$ | $D_t*t$ | $D_t*t^2$ |
| 一阶，带宽（2.10） | | Adj R$^2$　0.5287 | MSE　0.6152 |
| 0.0884 | −0.0300 | 0.0605 | |
| （0.838） | （0.787） | （0.767） | — |
| 一阶，带宽（3.10） | | Adj R$^2$　0.5320 | MSE　0.6092 |
| 0.1202 | 0.0369 | −0.0429 | |
| （0.686） | （0.623） | （0.691） | — |
| 二阶，带宽（2.10） | | Adj R$^2$　0.5287 | MSE　0.6152 |
| 0.0884 | −0.0300 | 0.0605 | |
| （0.839） | （0.783） | （0.772） | — |
| 二阶，带宽（3.10） | | Adj R$^2$　0.5337 | MSE　0.6081 |
| 0.9413 | 0.0661 | 0.8097 | 0.2099 |
| （0.160） | （0.390） | （0.225） | （0.200） |

　　注：Bootstrap10 000 次，括号内为 t 值。

## 六、本章小结

本章以长三角地区生态补偿机制的实行为例，阐述了生态补偿机制的实施效果，验证了生态补偿机制对改善生态环境状况的有效性，探讨了实施生态补偿机制的持续性。生态补偿是中国重要的生态保护战略，生态补偿机制的实行总体上可以降低生态环境污染，改善生态环境。建立生态补偿机制是贯彻落实科学发展观的重要举措，有利于生态保护工作的开展，有利于推进资源的可持续利用。长三角地区生态补偿机制的成功实行给中国其他省市生态补偿机制的建立和完善提供了重要的参考和借鉴意义。建立和完善生态补偿机制是一项复杂的系统工程。生态补偿机制的宗旨是为了保护生态环境、促进人与自然和谐相处，本章对长三角地区的生态补偿机制实行效果的有效性以及持续性进行检验，为进一步探索政府对生态经济人的规制提供了理论支持和技术支撑。

在方法的使用上，本章又一次将合成控制法与断点回归模型的结合使用，合成控制法揭示了由于生态补偿机制的实施引起的生态环境污染状况的断点效应，而断点回归模型推断出实施生态补偿机制的可持续性。合成控制法与断点回归的结合，为政策实施效果和可持续性的研究提供了新的方法和一种新的可能。

# 第八章　基于全国范围的生态经济人规制有效性检验

　　前文考察了碳排放权交易和生态补偿机制实施效果，虽然基于气候和水体、森林和自然保护区保护等方面证实了政府对生态经济人进行规制是有效的，但是研究对象仅局限于某些试点地区或者某个区域。本章以整个国家作为视点考察生态经济人规制效果。

　　自实行改革开放以来，中国的 GDP 保持高速增长，虽然这些年有所回落，但是仍然保持中高速的增长水平（厉以宁 等，2019；魏鹏，2016）。GDP 的持续增长使得中国从一个落后封闭的国家赶超世界上大多数国家，成为极富竞争力的第二大经济体，这种现象被国际经济学界称为"中国奇迹"（宋德勇，1999；周宇，2019）。中国经济的发展具有独特的政府规制特征，这一特征表现在各种方面，如农业部门的改革，国企的改制以及乡镇企业和民营经济的出现等。在生态环境保护方面，政府也参与了规制，如实行碳排放权交易、生态补偿和绿色金融等。2017 年，为了治理大气污染排放，解决"散乱污治理"问题，京津冀地区的环保部门直接关停了十几万家企业。政府的规制对于生态保护来说是否跟其他领域一样有效，值得进一步深思和探索。本章通过被调节中介模型对规制效果进行探讨。

# 一、被调节中介分析

## （一）被调节中介模型

在探讨政府规制与生态环境之间的关系时，大部分学者的研究都认为适度的政府规制可以减少生态环境污染、保护生态环境。其中，波特假说（Porter E M and Linde D V C，1995）尤其出名。波特假说认为适宜且严格的政府规制可以倒逼企业从事技术创新，补偿生态环境规制带来的遵循成本，减少生态环境污染（涂正革、谌仁俊，2015）。但是也有文献对政府规制是否能减少生态环境污染和促进生态发展提出疑问（Franco C and Marin G，2017），Jorgenson（1990），Wilcoxen（1990）就认为，如果政府规制成本过高，也可能会阻碍经济增长。如果政府过度使用规制权力，就会增加生态保护成本，从而对生态发展产生负面影响。另外，政府对生态环境的规制会引起企业发展隐性经济以规避生态规制（余长林、高宏建，2015；张博、韩复龄，2017）。随着生态环境监管力度的加大，企业的生态保护成本会增加，部分官方经济活动为了降低生态保护成本转而寻找隐性经济活动的发展，而隐性经济活动造成的生态环境污染往往会削弱政府生态规制的效果。

政府规制既可以影响官方经济的活动，也可以影响隐性经济的活动，同时，政府规制和官方经济、隐性经济又可以影响生态经济人的得益。政府规制的影响特征符合了结构方程相互作用的特点。结构方程的相互作用效应是结构方程的研究热点之一（Marsh H W，Wen Z and Hau K T，2004；Mehta P D and Neale M C，2005）。针对如何研究结构方程的相互作用效应，Preacher K J 等（2007）曾介绍被调节中介模型的系统理论和方法，并在 2010 年和 2011 年进一步完善。被调节中介模型既考虑到了模型的调节效应也考虑到了模型的中介效应，在很多领域得到了广泛的应用。Cole M S 等（2008）采用被调节中介模型研究了不良行为与绩效之间的关系。Amelie U. Wiedemann 等（2009）运用被调节中介模型厘清了意愿、计划和行为之间的关系。近年来，被调节中介模型被进一步引入到生态环境规制的研究中。Feng Taiwen 和 Wang Dan（2016）使用被调节中介模型分析了环境管理体系的影响。被调节中介模型是理解结构方程交互作用效应的一个很好的选择。

### （二）模型设计

选用政府规制强度（ER）作为调节变量。政府规制强度（ER）既可以直接影响生态经济人得益（E）（生态经济人的收益 $I$ 减去生态经济人的成本支付 $C$，见本书第二章和第三章），也可以通过影响隐性经济（EOR）而影响生态经济人。选用生态经济人得益（E）作为被解释变量，反映政府规制强度（ER）对生态经济人的影响效用。ER*EOR 是政府规制强度与隐性经济的交叉项。除了政府规制强度（ER）和隐性经济（EOR）可以影响生态经济人之外，其他解释变量包括滞后一期的生态经济人得益 E（-1）、地区生产总值增长率（GDP）、第三产业增加值（TI）、研发支出（T）和人口密度（P）。这些解释变量与前文生态经济人契约履行实证分析中的变量选取保持一致。被调节中介模型如图 8.1 所示。

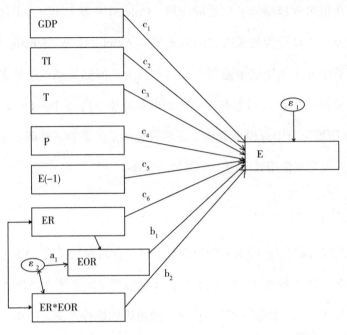

图 8.1　被调节中介模型

$c_1$、$c_2$、$c_3$、$c_4$、$c_5$、$c_6$ 代表各因素对生态经济人得益（E）的影响系数。$b_1$ 是指隐性经济规模（EOR）对生态经济人得益（E）的影响系数，$b_2$ 是指交互作用项 ER*EOR 对生态经济人得益（E）的影响系数。$a_1$ 是指政府规制强度（ER）对隐性经济规模（EOR）的影响系数。隐性经济规模（EOR）对生态经济人得益（E）的影响受政府规制强度（ER）的影响。$\varepsilon_1$ 和 $\varepsilon_2$ 为残差，分别代表影响生态经济人得益（E）以及隐性经济规模（EOR）的其他影响因素。

政府规制强度不同，隐性经济规模对生态经济人得益的影响也会不同，这就是政府规制强度对隐性经济规模并对生态经济人得益产生影响的调节效应。此时，调节效应的模型可以写成：

$$EOR=a_0+a_1ER+\varepsilon_2 \qquad\qquad 式（8.1）$$

$$E=b_0+c_1GDP+c_2TI+c_3T+c_4P+c_5E（-1）+c_6ER+（b_1+b_2ER）EOR+\varepsilon_1 \qquad 式（8.2）$$

在式（8.2）中，交互作用项为 ER*EOR，调节效应可以量化为 $b_2$。通常借助 Bootstrap 方法检测评估 $b_2$ 的取值（Preacher K J，Rucker D D and Hayes A F，2007；Preacher K J and Hayes A F，2004）。

### （三）模型结果及分析

由于篇幅有限，本章仅展示 2004 年、2010 年和 2016 年的分析结果。选取展示报告的年份依据是考虑到数据的可获取性，选择 2004 年为研究的第一年，2016 年为研究的最后一年。2010 年是这两年的居中年份。为了使结果更加科学合理，本章对样本进行了 5 000 次抽样（Preacher K J and Hayes A F，2004）。

表 8.1 展示了被调节中介模型拟合信息。RMSEA 和 SRMR 值接近或者小于 0.080，CFI/TLI 高于 0.900，$\Delta x^2 / \Delta df$ 均小于 2。这些信息表明模型拟合良好。

**表 8.1　被调节中介模型拟合信息**

| 年份 | AIC | BIC | RMSEA | SRMR | CFI/TLI | $\Delta x^2$ | $\Delta df$ |
|------|------|------|------|------|------|------|------|
| 2004 | −218.992 | −192.369 | 0.000 | 0.080 | 0.9862 | 9.744 | 11 |
| 2010 | −312.109 | −286.888 | 0.077 | 0.086 | 1.0000 | 9.407 | 8 |
| 2016 | −166.191 | −142.866 | 0.000 | 0.041 | 1.0000 | 4.285 | 8 |

注：Bootstrap5 000 次。

表 8.2 展示了政府规制强度（ER）对隐性经济规模（EOR）的影响结果，即系数 $a_1$。对于系数的取值，2004 年和 2016 年的下限和上限均大于 0，这意味着政府规制强度（ER）对隐性经济规模（EOR）具有积极正面的影响。政府规制强度对隐性经济规模影响生态经济人得益具有不可忽视的影响效应。

表 8.2 政府规制（ER）对隐性经济（EOR）的影响

| 年份 | 效应 | 标准差 | 95% 置信区间 | |
|---|---|---|---|---|
| | | | 下限 | 上限 |
| 2004 | 0.006*** | 0.002 | 0.003 | 0.008 |
| 2010 | 0.004*** | 0.000 | 0.003 | 0.003 |
| 2016 | 0.012*** | 0.000 | 0.008 | 0.015 |

注: 括号内代表标准差，***, **, * 分别表示 1%，5%，10% 显著性水平。Bootstrap5 000 次。

表 8.3 展示了隐性经济规模（EOR）通过调节变量政府规制强度（ER）对生态经济人得益（E）造成的间接影响。间接影响结果以 ±1SD（standard）的标准偏差的形式报告。±1SD 偏差修正值的使用使得报告结果更为准确和稳健（Mackinnon D P, Lockwood C M and Williams J S, 2004）。报告结果的置信区间是 95%。同时，表 8.3 还报告了间接影响效应的下限和上限取值。报告结果表明，间接影响效应显著，尤其是 2004 年和 2016 年，在 ±1SD 水平上，间接效应结果都取正值。虽然在 95% 置信区间内，2010 年内间接效应下限的取值是负的，但总体而言，在样本区间内，取值一般都是正值，这体现了间接效应的显著性，表明政府规制强度（ER）此时具有正的间接效应。

表 8.3 隐性经济（EOR）对生态经济人得益（E）的间接影响

| 年份 | 标准差 ±1 | 间接效应 | 标准差 | 95% 置信区间 | | | |
|---|---|---|---|---|---|---|---|
| | | | | 下限 | | 上限 | |
| 2004 | −1SD | 0.002 | 0.012 | 0.002 | 0.012 | −0.010 | 0.023 |
| | +1SD | 0.006 | 0.004 | 0.006 | 0.004 | 0.002 | 0.010 |
| 2010 | −1SD | 0.003 | 0.001 | 0.003 | 0.001 | −0.001 | 0.001 |
| | +1SD | −0.001 | 0.000 | −0.001 | 0.000 | 0.000 | 0.000 |
| 2016 | −1SD | 0.005 | 0.019 | 0.005 | 0.019 | −0.062 | 0.016 |
| | +1SD | 0.000 | 0.000 | 0.000 | 0.000 | 0.000 | 0.001 |

注：Bootstrap5 000 次。

剩余各影响因素对生态经济人得益（E）的影响如表 8.4 所示。值得注意的是，这些结果与本书前面的结论是一致的。经济水平的发展、研发投入的增多和第三产业的发展能够大大地提高生态经济人的收益。研发投入和经济水平的发展在短期内的效果并不显著，因此横断面模型无法刻画出这两个因素的影响结果，这直接体现在 2010 年和 2016 年的结果报告中没有这两项因素的影响结果。

表 8.4　剩余各影响因素对生态经济人得益（E）的影响

| 年份 | GDP | TI | T | P | E（−1） | ER | EOR | ER*EOR |
|---|---|---|---|---|---|---|---|---|
| 2004 | — | 0.021 | 0.384 | −0.106* | 0.870*** | 0.116 | −0.014 | 0.062 |
| | | （0.134） | （0.423） | （0.070） | （0.075） | （0.121） | （0.125） | （0.325） |
| 2010 | — | 0.073*** | — | −0.083* | 0.899*** | −0.232* | −0.163** | 0.506* |
| | | （0.003） | | （0.018） | （0.044） | （0.157） | （0.077） | （0.308） |
| 2016 | — | 0.220* | | −0.164*** | 0.919*** | 0.801*** | 0.038 | −0.762** |
| | | （0.140） | | （0.066） | （0.050） | （0.307） | （0.030） | （0.315） |

注：括号内代表标准差，***，**，* 分别表示 1%，5%，10% 显著性水平。Bootstrap5 000 次。

表 8.4 的显著相关表明，生态经济人前一期得益对当期得益具有重大的影响，生态经济人的行为在很大程度上取决于其以往的行为。

此外，被调节中介模型分析结果突出了政府规制的必要性。政府规制不仅直接影响生态经济人得益，而且通过影响隐性经济间接影响生态经济人得益。政府规制对生态经济人具有直接和间接的影响。一般来说，不同年份的直接和间接效应可能不同。

## 二、存在断点条件下的面板被调节中介分析

被调节中介分析证明了政府规制的必要性。然而被调节中介分析只能展示某个年份的规制效果，使用的是中国 30 个省、直辖市、自治区 [1] 的截面数据，这限制了被调节中介分析的科学性和准确性。事实上，被调节中介模型鲜少被应用于面板数据分析，而面板数据可以克服多重共线性问题，提供更多的信息和更高的估计效率。为了克服这个缺陷，本章进一步研究，拓展了被调节中介模型的应用，尝试把被调节中介模型扩展到面板数据分析中。

近年来，中国的经济（GDP 增长率）从高速增长转为中高速的增长水平，这一现象使得地区生产总值增长率出现了断点。本章在应用被调节中介模型进行分析的同时，兼顾中国经济增长率出现断点的事实，尝试将断点回归与调节中介模型相结合，检验政府对生态经济人规制的有效性。

（一）断点分析

2008 年以前的 20 年里，中国的 GDP 增长速度超过了其他任何一个主要经济体，但在 2008 年后，与过去 20 年的趋势相比，中国的 GDP 增长速度放缓。统计数据显示，在本书的研究期间 2003—2016 年内，地区生产总值增长率（GDP）在 2008 年存在一个断点，如图 8.2 所示。图 8.2 展示了地区生产总值增长率（GDP）的一阶、二阶、三阶和四阶多项式拟合结果。2008 年世界经济危机后，中国消费增长减缓，进出口呈下降趋势（魏鹏，2016）。工人数量减少，资本投资放缓，进出口总值下降，导致国内生产总值增速下降。

---

① 由于数据缺失，本书未包含西藏自治区、香港特区、澳门特区和台湾地区。

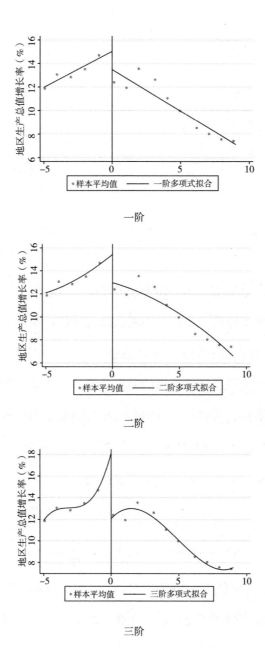

一阶

二阶

三阶

图 8.2　一阶、二阶、三阶和四阶断点回归

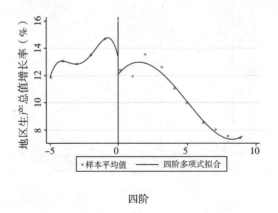

四阶

图 8.2　一阶、二阶、三阶和四阶断点回归（续）

鉴于地区生产总值增长率（GDP）出现断点的事实，为了避免直接回归估计会使结果偏离实际值，本章采用断点回归估计，在一个较窄的时间窗口内研究了 2008 年断点前后的地区生产总值增长率（GDP）。相对于传统的断点模型来说，地区生产总值增长率的断点自带特殊性质，因为它是在时间维度上的断点，本书称它为时间断点回归。在时间断点回归的分析框架中，研究人员一般事先假定知道确切的断点时间 $D_{it}$（Anderson M L，2014；Catherine H and Rapson D S，2018），把地区生产总值增长率的时间断点特性用方程式刻画出来为：

$$GDP = f(t) = \alpha_0 + \alpha_1 D_{it} + D_{it} \sum_{i=1}^{k} \beta_i t^i + \varepsilon_1 \qquad 式（8.3）$$

虚拟变量 $D_{it}$ 的取值为：2008 年之前，$D_{it}=0$；2008 年之后，$D_{it}=1$。$t$ 代表时间的长度。在 2008 年之前，$t$ 取负值。2008 年之后，$t$ 取正值。$t^i$ 是 $t$ 的多项式函数。

（二）存在断点条件下的面板被调节中介分析

当隐性经济与生态经济人得益之间的关系因为官方经济地区生产总值增长率水平的不同和政府规制的强弱程度而有所不同时，就会产生中介和调节效应。政府规制和地区生产总值增长率都可以通过影响隐性经济规模（余长林、高宏建，2015）进而影响生态经济人得益，因此选定隐性经济规模为中介变量。政府规制不仅可以直接影响隐性经济规模，还可以通过影响地区生产总值增长率间接影响隐性经济规模，因此选用政府规制作为调节变量。则面板被调节中介模型可写成：

$$\ln EOR_{it}=a_0+a_1\ln GDP_{it}+a_2\ln ER_{it}+a_3\ln GDP_{it}\times\ln ER_{it}+\varepsilon_2 \qquad \text{式（8.4）}$$

$$\ln E_{it}=b_0+c_1\ln P_{it}+c_2\ln T_{it}+b_1\ln EOR_{it}+b_2\ln GDP_{it}+b_3\ln ER_{it}+b_4\ln GDP\times\ln ER_{it}+\varepsilon_3$$

$$\text{式（8.5）}$$

$$\text{其中，} GDP=f(t)=\alpha_0+\alpha_1 D_{it}+D_{it}\sum_{i=1}^{k}\beta_i t^i+\varepsilon_1 \qquad \text{式（8.3）}$$

考虑到方程变量个数与自由度，选取如下变量：E 表示生态经济人得益，P 表示人口密度，T 表示技术，财富因素包括隐性经济（EOR）和地区生产总值增长率（GDP）。变量的取值与前文保持一致。式（8.4）刻画了隐性经济规模（EOR）、地区生产总值增长率（GDP）与政府规制（ER）之间的关系。式（8.5）是根据 STIRPAT 模型的对数形式推导得到的。$a_0$，$a_1$，$b_0$，$b_1$，$b_2$，$b_3$，$b_4$，$c_1$，$c_2$ 表示系数。$\varepsilon_1$、$\varepsilon_2$ 和 $\varepsilon_3$ 是残差项。

其中，值得说明的是，在式（8.3）（8.4）（8.5）中，与前文保持一致，使用 2003—2016 年中国 30 个省、直辖市、自治区[①]的面板数据进行分析。与通常的被调节中介分析不同，方程组的数据分析形式是面板数据分析，同时，

① 由于数据缺失，本书未包含西藏自治区、香港特区、澳门特区和台湾地区。

式（8.3）刻画了方程组里同时存在的断点效果。

（三）模型结果及分析

表 8.5 展示了不同带宽下（根据均方误差 MSE 最优带宽和覆盖率错误率 CER 最优带宽选择，带宽为 2.354 和 3.224）面板被调节中介的分析结果。人口数量与生态经济人得益密切相关。人口增长过多会给生态带来负面影响（见表 8.5）。更多的人口意味着更多的能源消费需求和废物排放，人口密度每增加 1 单位，在 2.354 带宽下，会降低生态经济人得益 0.0417 单位；在 3.224 带宽下，会降低生态经济人得益 0.0038 单位。

提高研发支出对提升生态经济人得益具有显著的积极作用（见表 8.5）。提高研发支出可以促进产业结构升级，发展绿色经济，提升生态经济人得益。每增加 1 单位的研发投入，在 2.354 带宽下可提升 0.0329 单位的生态经济人得益，在 3.224 带宽下可提升 0.0330 单位的生态经济人得益。提高研发支出对提升生态经济人得益具有统计意义上的正向影响。

地区官方经济的增长或可提升生态经济人得益，或会降低生态经济人得益。增加单位地区官方经济增长率在 2.354 带宽下降低了 0.0191 单位生态经济人得益，在 3.224 带宽下反而提升了 0.0078 单位生态经济人得益。这是因为，从短期来看，经济增长率的提升需要更多的能源支持，可能会带来一定程度的生态环境污染。然而，因为中国经济增长方式正在向节能和绿色发展方式转变，经济的增长从长期来看（带宽更长），反而可以提高人民的生活水平，促进绿色发展。与人口和研发支出对生态经济人得益的影响不同，经济增长对生态经济人得益的影响还受政府规制影响。总体来看，经济的增长正向提升了生态经济人得益，表现为经济增长对生态经济人得益的影响总效应为正值。但是，值得说明的是，经济的增长还会影响隐性经济规模，因此发挥经济增长水平对生态经济人得益的正向促进效果还需要规范和引导隐性经济规模的发展。

表 8.5 突出显示了隐性经济与生态经济人得益之间的负向关系。部分隐性经济采用未能达到节能标准的节能设备、工艺设备和耗能设备，部分生产技术甚至出现了高耗能、高污染，例如黑煤窑、危险化工品等，这不可避免地加剧了生态环境污染，降低了当地的生态经济人得益。因此隐性经济规模对生态经济人得益的影响是负向的。

隐性经济伴随经济而生，部分经济在满足一定条件后还有可能转化为隐性经济，经济活动越多，在一定程度上就意味着隐性经济规模的扩大，经济地区生产总值增长率对隐性经济规模的总效应为正（见表 8.5）。然而当介入政府规制时，经济增长率对隐性经济规模的作用效果就有所不同。增加政府规制会导致部分经济因为生态环境保护成本提高而无法生存，与之相伴随的隐性经济活动减少，表现为在政府规制调节下的地区生产总值增长率对隐性经济的影响不论在哪个带宽条件下都是负值（见表 8.5）。

尽管部分经济因为政府规制的增加而减少了活动，但仍然会有一部分经济活动参与者为了追逐利益的最大化，不惜使用已经淘汰的污染密集型生产技术，将经济活动转变为隐性经济活动，使隐性经济规模扩大。政府规制因增加了隐性经济规模（见表 8.5）而抑制了生态经济人得益。隐性经济活动作为制度弱化的一种重要表现，其存在的主要目的是逃避政府规制。当政府提高政府规制强度时，由于隐性经济具有很强的隐蔽性，这在一定程度上加大了政府政府规制的难度，降低了规制的效果。

此外，表 8.5 显示政府规制对提升生态经济人得益的直接作用是负向的。在 2.354 的带宽下，增加 1 单位的政府规制强度会降低生态经济人得益 0.0659 单位。而在 3.224 的带宽下，增加 1 单位的政府规制强度会降低生态经济人得益 0.0507 单位。加强政府规制在一定程度上增加了生态环境管理成本，不利于提升生态经济人得益；然而，政府规制在间接上通过影响经济降低了隐性经济规模并保护了绿色发展。不同于其他影响变量，政府规制作为一个调节变量，对生态经济人得益的间接影响显得更为复杂，它可以通过影响经济、降低隐性经济规模，提升生态经济人得益，这种条件间接效应也是本章模型研究最核心和最主要的难点之一。

表 8.5  存在断点条件下的面板被调节中介系数

| 路径 | 带宽 | 系数 | 带宽 | 系数 |
|---|---|---|---|---|
| $1nGDP \rightarrow 1nEOP$ | 2.354 | 2.8201*<br>（1.9476） | 3.224 | 0.8528<br>（1.4546） |
| $1nEP \rightarrow 1nEOP$ | 2.354 | 5.9189***<br>（1.7705） | 3.224 | 3.9379***<br>（1.4008） |
| $1nGDP*1nEP \rightarrow 1nEOP$ | 2.354 | −1.9239***<br>（0.6887） | 3.224 | −1.1676<br>（0.5503） |
| $1nEOP \rightarrow 1nE$ | 2.354 | −0.0058*<br>（0.0041） | 3.224 | −0.0056*<br>（0.0035） |
| $1nGDP \rightarrow 1nE$ | 2.354 | −0.0191<br>（0.0978） | 3.224 | 0.0078<br>（0.0733） |
| $1nER \rightarrow 1nE$ | 2.354 | −0.0659<br>（0.0908） | 3.224 | −0.0507<br>（0.0710） |
| $1nGDP*1nEP \rightarrow 1nE$ | 2.354 | 0.0166<br>（0.0352） | 3.224 | 0.0117<br>（0.0278） |
| $1nP \rightarrow 1nE$ | 2.354 | −0.0417*<br>（0.0031） | 3.224 | −0.0038*<br>（0.0027） |
| $1nT \rightarrow 1nE$ | 2.354 | 0.0329***<br>（0.0062) | 3.224 | 0.0330***<br>（0.0053） |

注：括号内是标准差。***，**，* 分别表示 1%，5%，10% 显著性水平。

为了更明显地展示政府规制的条件间接效应，政府规制通过影响地区生产总值增长率进而抑制隐性经济的规模效应，具体内容见表 8.6，政府规制调节下的地区生产总值增长率对隐性经济规模的抑制效应总值如表8.6所示。效应值分别以0SD、±1SD的形式展示。不同SD结果使得模型的结论更为稳健（Mackinnon D P，Lockwood C M and Williams J，2004）。模型结果报告的置信区间为95%，各个效应的下限值和上限值同样见表8.6和表8.7。从结果可以看出，不管上限值还是下限值，不管报告形式是0SD还是±1SD，政府规制都可以通过调节地区生产总值增长率，从而大大地抑制隐性经济规模的发展。

表8.6　政府规制调节地区生产总值增长率（GDP）对隐性经济规模（EOR）的影响效应

| 带宽 | 水平 | 效应 | 标准差 | 95% 置信区间 | |
| --- | --- | --- | --- | --- | --- |
| | | | | 下限 | 上限 |
| 2.354 | −1SD | −5.7558*** | 2.0603 | −9.7939 | −1.7176 |
| | 0SD | −8.3759*** | 2.9982 | −14.2523 | −2.4995 |
| | +1SD | −10.9960 | 3.9361 | −18.7107 | −3.2814 |
| 3.224 | −1SD | −3.4525** | 1.6272 | −6.6418 | −0.2632 |
| | 0SD | −5.0816** | 2.3951 | −9.7759 | −0.3874 |
| | +1SD | −6.7108** | 3.1629 | −12.9100 | −0.5116 |

注：***，**，*分别表示1%，5%，10%显著性水平。

表8.7　地区生产总值增长率（GDP）对隐性经济规模（EOR）的总影响效应

| 带宽 | 水平 | 效应 | 标准差 | 95% 置信区间 | |
| --- | --- | --- | --- | --- | --- |
| | | | | 下限 | 上限 |
| 2.354 | −1SD | −2.9357*** | 0.7213 | −4.3494 | −1.5220 |
| | 0SD | −5.5558*** | 1.3573 | −8.2162 | −2.8955 |
| | +1SD | −8.1760*** | 2.2189 | −12.5250 | −3.8269 |
| 3.224 | −1SD | −2.5997*** | 0.6854 | −3.9430 | −1.2563 |
| | 0SD | −4.2288*** | 1.2377 | −6.6548 | −1.8029 |
| | +1SD | −5.8580*** | 1.9425 | −9.6653 | −2.0507 |

注：***，**，*分别表示1%，5%，10%显著性水平。

采用自举法（Bootstrap）对模型结果进行检验（Preacher K J，Rucker D D and Hayes A F，2007；Preacher K J，Zyphur M J and Zhang Z，2010）。检验

结果如表 8.8 所示。无论是 Bootstrap 500 次还是 2 000 次，政府规制调节下的地区生产总值增长水平对隐性经济规模的抑制效应都与之前的结论保持一致，说明结果是稳健的。政府规制作为一个调节变量，通过影响地区生产总值增长水平对中介变量隐性经济规模产生的影响是明确且不容忽视的。

**表 8.8　Bootstrap 检验结果**

| 路径 | 带宽 | 水平 | Bootstrap | 系数 | Bootstrap | 系数 |
|---|---|---|---|---|---|---|
| $\ln GDP * \ln ER \rightarrow \ln EOR$ | 2.354 | -1SD | 500 | -5.7558*<br>（4.4836） | 2 000 | -5.7558<br>（4.5513） |
| | 2.354 | 0SD | 500 | -8.3759*<br>（6.5246） | 2 000 | -8.3759<br>（6.6231） |
| | 2.354 | +1SD | 500 | -10.9960*<br>（8.5656） | 2 000 | -10.9960<br>（8.6949） |
| | 3.224 | -1SD | 500 | -3.4525<br>（3.1971） | 2 000 | -3.4525<br>（3.2422） |
| | 3.224 | 0SD | 500 | -5.0816<br>（4.7721） | 2 000 | -5.0816<br>（4.7722） |
| | 3.224 | +1SD | 500 | -6.7108<br>（6.3021） | 2 000 | -6.7108<br>（6.3021） |
| $\ln GDP \rightarrow \ln EOR$<br>$\ln GDP * \ln ER \rightarrow \ln EOR$ | 2.354 | -1SD | 500 | -2.9357**<br>（1.4667） | 2 000 | -2.9357*<br>（1.5467） |
| | 2.354 | 0SD | 500 | -5.5558*<br>（3.3073） | 2 000 | -5.5558*<br>（3.4843） |
| | 2.354 | +1SD | 500 | -8.1760*<br>（5.2492） | 2 000 | -8.1760*<br>（5.5308） |
| | 3.224 | -1SD | 500 | -2.5997**<br>（1.3718） | 2 000 | -2.5997**<br>（1.3826） |
| | 3.224 | 0SD | 500 | -4.2288*<br>（2.7865） | 2 000 | -4.2288*<br>（2.7991） |
| | 3.224 | +1SD | 500 | -5.8580*<br>（4.2923） | 2 000 | -5.8580*<br>（4.3036） |

注：括号内是标准差。***，**，* 分别表示 1%，5%，10% 显著性水平。

确认政府规制作为调节变量影响地区生产总值增长水平对隐性经济规模的影响之后，进一步计算政府规制作为调节变量影响隐性经济规模对生态经济人得益的条件间接效应，得到表 8.9。表 8.9 揭示了不管是在带宽 2.354 还是在带宽 3.224 的水平下，不管报告结果是以 0SD 还是 ±1SD 的形式展示，政府规制对生态经济人得益的条件间接效应都是积极正向的。然而仔细确认政府规制对生态经济人得益的条件间接效应结果，可以发现在 95% 置信区间内，条件间接效应结果的下限值取负值，尽管这些负值相对于正值来说非常小，但是它们确实存在。分析负值出现的背后原因，如前文所述，政府规制主要是通过影响地区生产总值增长水平以抑制隐性经济规模而达到提升生态经济人得益的目的，然而隐性经济规模对生态经济人得益的影响由于种种因素具有不稳定性。尽管部分隐性经济活动有可能采用落后的和对生态环境造成严重污染的生产技术，然而这并不意味着所有的隐性经济活动都会采用高耗能和高污染的生产技术。此外，闫海波等（2012）的研究也发现了隐性经济对生态环境的作用与地区的空间差异之间存在很强的相关性。这更增强了隐性经济对生态经济人得益影响的不稳定性。表 8.10 展示了隐性经济规模对生态经济人得益的影响，在 95% 置信区间内，隐性经济规模对生态经济人得益影响的上限值为正值，尽管这个数值在带宽 2.354 的水平时为 0.0022，在带宽 3.224 的水平时仅为 0.0012。前文已经论证了政府规制调节下的地区生产总值增长率对隐性经济规模的效应为负，因此表 8.10 中出现的微小的正值导致了政府规制对生态经济人得益的条件间接效应在 95% 的置信区间下出现了负值（见表 8.9）。尽管出现了负值，但这更改不了政府规制对生态经济人得益的条件间接效应总体取正值的事实，即政府规制对生态经济人得益的条件间接效应为正，然而这个正向的效应由于隐性经济规模对生态经济人得益的不稳定的作用效果而呈现出一定的不稳定性。

表 8.9　政府规制（ER）对生态经济人得益（E）的条件间接效应

| 带宽 | 水平 | 效应 | 标准差 | 95% 置信区间 | |
|---|---|---|---|---|---|
| | | | | 下限 | 上限 |
| 2.354 | −1SD | 0.0171* | 0.0127 | −0.0078 | 0.0420 |
| | 0SD | 0.0324* | 0.0240 | −0.0146 | 0.0795 |
| | +1SD | 0.0477 | 0.0358 | −0.0224 | 0.1179 |
| 3.224 | −1SD | 0.0145* | 0.0098 | −0.0047 | 0.0336 |
| | 0SD | 0.0235* | 0.0162 | −0.0082 | 0.0553 |
| | +1SD | 0.0326 | 0.0230 | −0.0125 | 0.0777 |

注：括号内是标准差。***，**，* 分别表示 1%，5%，10% 显著性水平。

表 8.10　隐性经济规模（EOR）对生态经济人得益（E）的影响效应

| 带宽 | 效应 | 标准差 | 95% 置信区间 | |
|---|---|---|---|---|
| | | | 下限 | 上限 |
| 2.354 | −0.0058* | 0.0041 | −0.0138 | 0.0022 |
| 3.224 | −0.0056* | 0.0035 | −0.0124 | 0.0012 |

注：括号内是标准差。***，**，* 分别表示 1%，5%，10% 显著性水平。

相比于被调节中介模型，存在断点条件下的面板被调节中介模型更为系统、更为科学地揭示了政府规制对生态经济人得益的条件间接效应。与被调节中介模型的研究结论一致的是，存在断点条件下的面板被调节中介模型也验证了政府规制对生态经济人的有效性；不同的是，存在断点条件下的被调节中介模型更细致地指出了政府规制对生态经济人得益的作用效果依赖于政府规制对生态经济人得益的直接和间接效果总和。政府规制就像是一柄双刃剑，政府规制强度的提高一方面增加了隐性经济活动而降低了生态经济人得益，另一方面却降低了经济活动从而提升了生态经济人得益（余长林、高宏建，2015）。政府规制对生态经济人得益既有正向的提升效果，也有负向的降低效果（总体效应是正是负不能通过简单的加总得出，因为各个变量的量纲不同）。政府规制对生态经济人得益的作用主要依赖于隐性经济规模对生态经济人得益的作用效果，规范和引导隐性经济的发展对提高政府规制的正向效益具有重要的意义。

## 三、本章小结

本章在生态经济人的研究中加入了第三方——政府的参与，拓展了研究的领域。在变量选取的时候继续秉承前文的原则，以 IPAT 系列模型的结论作为变量选取的依据。其中，政府规制能够影响隐性经济规模对生态经济人的收益和成本的作用结果，也能够直接作用于生态经济人的收益和成本；鉴于政府规制对生态经济人的收益和成本的这种直接和间接作用，选取政府规制作为调节变量，借助被调节中介模型验证生态经济人规制效果。

改革开放四十多年来，中国 GDP 实现了快速增长，然而我们也看到，地区生产总值的增速出现了断点现象。基于地区生产总值增长率出现断点的事实，本章进一步拓展被调节中介模型的使用，首次应用了存在断点条件下的被调节中介模型，分析了在经济增长速度存在断点的条件下，政府规制对生态经济人得益的条件间接效应。值得说明的是，本章应用的存在断点条件下的面板被调节中介模型，一是结合应用了断点分析方法，二是把被调节中介模型的应用拓展到了面板数据分析层面。相较于被调节中介模型分析，存在断点条件下的面板被调节中介分析的结果显得更为科学和具体，存在断点条件下的面板被调节中介分析既能考虑到地区生产总值增长率出现断点的事实，又能在面板数据的条件下，逐层展示政府对生态经济人的间接规制。这种研究框架对于断点和被调节中介作用同时存在的研究分析具有借鉴意义。

通过模型分析，得到基本结论如下：①应用断点回归模型验证了 2008 年开始中国经济增长速度放缓的事实；②政府规制对生态经济人得益的影响存在多种作用效应，政府规制既可以直接影响生态经济人得益，也可以通过影响隐性经济规模间接影响生态经济人得益。而政府规制对隐性经济规模的作用效果又有两种途径：①直接作用于隐性经济规模；②通过影响经济（即：地区生产总值）进而间接影响隐性经济规模。生态经济人得益是一个多元的可持续的发展问题，适当的政府规制，促进节能技术的研究、开发和使用，引导绿色经济的发展，增强人们的绿色发展意识，规范和引导隐性经济的健康发展，加快淘汰落后产能，创新资源结构优化升级机制措施等，都能促进国家的生态发展水平的提高，实现社会、生态和经济效益可持续发展的目标。

# 第九章　生态经济人规制建议

## 一、基于内因的生态经济人规制

在现实世界里，市场参与者全体的得益总和并不仅是单个个体的简单加总。生态经济人在市场经济中的基本行为具有机会主义特征。他们往往看重的是自己的利益，利益的增加可能导致他们违背自己最初的承诺或者向他人发出误导的信息以使自己的得益增加。生态经济人个人的理性选择未必是社会的理性选择，个人的得益最大化并不一定是基于社会得益最大化下的利益最大化，个人的机会主义选择会影响社会总福利乃至经济的正常运行。这点反映在变量生态经济人的努力水平 $a$ 对个人和对社会的影响不同上。对于个人而言，个人的环保努力水平 $a$ 并非越高越好，毕竟个人的环保努力水平也是生态经济人支付的成本之一。而社会则希望个人的环保努力水平越高越好。在生态污染条件下的市场经济中，个人对环保的理性追求既可以是污染得以控制并且削弱，以及当下社会经济稳定发展的主要动力，也可以是个人只顾自己的经济利益所得而以牺牲生态环境和他人利益为代价，从而造成社会混乱的主要原因。政府规制的参与，本质上是为了在生态环境污染条件下的市场活动中建立秩序，引导经济活动走向，它的正确参与可以减少经济人个体违约失信现象的发生，可以调节生态经济人之间的契约关系。

但是，政府生态规制又是一把双刃剑，它的使用虽然可以降低生态环境污染，但是也可能引发生态经济人为了规避政府规制而发展隐性经济从而加深生态环境污染，也有可能因为过度使用规制力量而增加环保成本（余长林、高宏建，2015）。当政府规制的强度提高时，一些企业可能为了追求自身利益转而寻求发展隐性经济，这样政府规制由于隐性经济带来的生态环境污染而导致效果减弱。在发展中国家，隐性经济的存在往往是造成生态环境污染的主要原因之一，隐性经济的存在削弱了政府规制控制生态环境污染的有效性。所以，政府规制既有可能给环保带来正效用，体现为政府生态规制的互补效用；也有可能给环保带来负效用，体现为规制的替代效用。政府生态规制具有正效用还是负效用取决于哪种效用带来的效果更好。假设把互补效用和替代效用给生态经济人带来的得益和成本冲击分别表示成 $\Delta I$ 和 $\Delta C$，那么生态经济人之间博弈的状况将发生变化。生态经济人之间博弈中止的条件变为 $I_i + \Delta I_i \leq 2（C_i - \Delta C_i）$（此处 $I_i$，$C_i$ 假设已经考虑了生态经济人是否独立，生态污染品是否同质的取值）。

生态经济人甲、乙的得益情况除了受 $\lambda$、$\theta$、$a$、$\tau$、$\xi$、$\omega$、$r$、$S_{i,j}$ 的影响，还受 $\Delta I$、$\Delta C$ 的影响。容易求得，当积极环保持续进行时，生态经济人才能取得最大得益，生态经济人之间博弈均衡解是（积极环保型，积极环保型）而非（消极环保型，消极环保型），此时，社会也才能取得最大得益。表 9.1 展示了在政府生态规制条件下，各变量值对个人与社会得益的影响关系。政府生态规制参与带来的 $\Delta I$、$\Delta C$ 的变化对生态经济人是否独立、生态污染品是否同质等不同情形都造成了影响。

表 9.1 政府生态规制，各变量对身份类别和期望得益的影响

| 情形 | 变量 | | 身份/契约类型 | 个人$E$ | 社会$\sum E$ |
|---|---|---|---|---|---|
| 生态经济人独立，生态污染品同质 | $\lambda$、$\xi$、$\Delta I\uparrow$ | | 积极 | $E\uparrow$ | $\sum E\uparrow$ |
| | $\theta$、$\Delta C\uparrow$ | | 消极 | $E\downarrow$ | $\sum E\downarrow$ |
| | $\lambda a_i + \xi_i \leqslant \dfrac{1}{2}a_i^2$ | $a_i\uparrow$ | 消极 | $E\downarrow$ | $\sum E\uparrow$ |
| | $\lambda a_i + \xi_i > \dfrac{1}{2}a_i^2$ | $a_i\uparrow$ | 积极 | $E\uparrow$ | $\sum E\uparrow$ |
| 生态经济人独立，生态污染品异质 | $\lambda$、$\xi$、$\omega$、$\Delta I\uparrow$ | | 积极 | $E\uparrow$ | $\sum E\uparrow$ |
| | $\theta$、$\tau$、$\Delta C\uparrow$ | | 消极 | $E\downarrow$ | $\sum E\downarrow$ |
| | $\omega_i\lambda a_i + \omega_i\xi_i \leqslant \dfrac{1}{2}\tau_i a_i^2$ | $a_i\uparrow$ | 消极 | $E\downarrow$ | $\sum E\uparrow$ |
| | $\omega_i\lambda a_i + \omega_i\xi_i > \dfrac{1}{2}\tau_i a_i^2$ | $a_i\uparrow$ | 积极 | $E\uparrow$ | $\sum E\uparrow$ |
| 生态经济人不独立，生态污染品同质 | $\lambda$、$\xi$、$\Delta I\uparrow$ | | 积极 | $E\uparrow$ | $\sum E\uparrow$ |
| | $\theta$、$\Delta C\uparrow$ | | 消极 | $E\downarrow$ | $\sum E\downarrow$ |
| | 当 $r \geqslant 0$ 时 | $r\uparrow$ | 积极 | $E\uparrow$ | $\sum E\uparrow$ |
| | 当 $r < 0$ 时 | $r\uparrow$ | 消极 | $E\downarrow$ | $\sum E\downarrow$ |
| | $(1+r)(\lambda a_i + \xi_i) \leqslant \dfrac{1}{2}(1-r)a_i^2$ | $a_i\uparrow$ | 消极 | $E\downarrow$ | $\sum E\uparrow$ |
| | $(1+r)(\lambda a_i + \xi_i) > \dfrac{1}{2}(1-r)a_i^2$ | $a_i\uparrow$ | 积极 | $E\uparrow$ | $\sum E\uparrow$ |

续表

| 情形 | 变量 | | 身份/契约类型 | 个人 $E$ | 社会 $\sum E$ |
|---|---|---|---|---|---|
| 生态经济人不独立，生态污染品异质 | $\lambda$、$\xi$、$\omega$、$\Delta I \uparrow$ | | 积极 | $E\uparrow$ | $\sum E \uparrow$ |
| | $\theta$、$\tau$、$\Delta C \uparrow$ | | 消极 | $E\downarrow$ | $\sum E \downarrow$ |
| | 当 $r \geq 0$ 时 | $r\uparrow$ | 积极 | $E\uparrow$ | $\sum E \uparrow$ |
| | 当 $r < 0$ 时 | $r\uparrow$ | 消极 | $E\downarrow$ | $\sum E \downarrow$ |
| | $(\omega_i+r)(\lambda a_i+\xi_i)\leq \frac{1}{2}(\tau_i-r)a_i^2$ | $a_i\uparrow$ | 消极 | $E\downarrow$ | $\sum E \uparrow$ |
| | $(\omega_i+r)(\lambda a_i+\xi_i)> \frac{1}{2}(\tau_i-r)a_i^2$ | $a_i\uparrow$ | 积极 | $E\uparrow$ | $\sum E \uparrow$ |

在政府生态规制方面，管理者拥有更为完备的信息和更为强大的信息处理能力。管理者与生态经济人个体在信息方面是不对称的，生态经济人个体在做出是否遵守环保决策时需要考察管理者的政府生态规制政策给自己带来的收益和成本。这种不完全信息情况符合信号博弈的特点，可利用信号博弈做机制设计（见图9.1）（许毓坤，2013）。

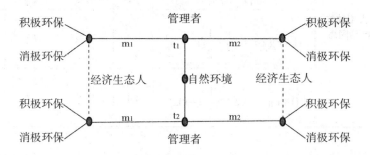

图 9.1　政府生态规制机制设计

如图9.1政府生态规制机制设计所示，管理者为信号发送者，生态经济人为信号接受者。管理者根据自己观测到的生态经济人发送的（积极环保型，消极环保型）行动或者对生态经济人的（积极环保型，消极环保型）行动决策进行预测，选择可行行动集（$m_1$，$m_2$）（$m_1$为增强政府生态规制，$m_2$为减弱政府生态规制甚至不施加规制）对生态经济人发送信号，生态经济人根据发送的信号进一步选择是否积极环保。问题的关键是对于社会整体利益而言，生态经济人选择环保行为才能带来整个社会得益的最大化，因此机制设计的关键在于如何让生态经济人观测和判断取值是$t_1$，从而选择做出积极环保行动（见表9.2）。

表9.2 不同情形下政府生态规制的主要措施

| 情形 | 途径 | $p(t_1)$ | 主要举措 |
|---|---|---|---|
| 生态经济人独立，生态污染品同质 | | | |
| $\Delta I - \Delta C \geqslant 0$ | $a_i\uparrow\Delta I\uparrow\Delta C\downarrow$ | $p(t_1)\uparrow$ | 限制排污量、制定排污标准 |
| $\Delta I - \Delta C < 0$ | | | 对污染行为征税 |
| 生态经济人独立，生态污染品异质 | | | |
| $\Delta I - \Delta C \geqslant 0$ | $a_i\uparrow\omega\uparrow\tau\downarrow\Delta I\uparrow\Delta C\downarrow$ | $p(t_1)\uparrow$ | 分地区、分级别限制排污量、制定排污标准、生态补偿 |
| $\Delta I - \Delta C < 0$ | | | 对污染行为征税 |
| 生态经济人不独立，生态污染品同质 | | | |
| $\Delta I - \Delta C \geqslant 0$ | $a_i\uparrow\Delta I\uparrow\Delta C\downarrow$ | $p(t_1)\uparrow$ | 增强信息共享能力、限制排污量、制定排污标准 |
| $\Delta I - \Delta C < 0$ | $r\geqslant 0,\ r\uparrow$ <br> $r<0,\ r\downarrow$ | | 增强信息共享能力，对污染行为征税 |
| 生态经济人不独立，生态污染品异质 | | | |
| $\Delta I - \Delta C \geqslant 0$ | $a_i\uparrow\omega\uparrow\tau\downarrow$ <br> $\Delta I\uparrow\Delta C\downarrow$ | $p(t_1)\uparrow$ | 增强信息共享能力、分地区、分级别限制排污量、制定排污标准、生态补偿 |
| $\Delta I - \Delta C < 0$ | $r\geqslant 0,\ r\uparrow$ <br> $r<0,\ r\downarrow$ | | 增强信息共享能力、分地区、分级别对污染行为征税 |

表9.2展示了针对各种不同情形，管理者如何通过政府生态规制以达到降低生态环境污染的目的。管理者可以通过限制排污量、制定排污标准、对污染行为征税以及进行生态补偿等手段减少生态环境污染。政府生态规制是一

把双刃剑，对于降低生态环境污染能否起到促进作用主要依赖于相关举措能否通过既定的制度框架得以实施。

政府生态规制主要通过调整 $a$, $\omega$, $r$, $\tau$, $\Delta I$, $\Delta C$ 这六个变量，影响生态经济人观测和判断到的取值是否是 $t_1$ 从而选择环保行为的概率值，提高概率值的途径一方面可以提高变量 $a$, $\omega$ 和 $\Delta I$，另一方面降低 $\tau$ 和 $\Delta C$。一般而言，$r$ 取非负值，所以提高 $r$ 的值也是提高概率 $p(t_1)$ 的有效途径。选择积极环保行为的概率 $p(t_1)$ 值越大，表明管理者离自己的政府生态规制目标越近。具体原理可以解释为：在生态经济人之间不相互独立，生态污染品异质的情况下，管理者首先要甄别利益变动值与成本变动值两者之间的大小关系。假如政府生态规制带来的利益变动值大于成本支付的变动值，政府生态规制的正效用大于政府生态规制的负效用，则生态经济人在利益的驱动下具有更大的可能性配合管理者的政府生态规制政策，限制排污量、制定排污标准等带有强制性意味的政策也更容易施行。反之，假如政府生态规制带来的利益变动值小于成本支付的变动值，则意味着政府生态规制的负效用大于正效用，则管理者主要的任务是提高生态经济人的利益和降低生态经济人的支付成本。

另外，值得提出的是，由于生态污染品异质，生态经济人个体从环保中获得的得益大小不尽相同，这需要有区别地施行政府生态规制政策，做到分地区、分级别限制排污量、制定排污标准等。此外，如果生态污染品是异质的，则应考虑生态补偿。灵活的补偿机制对生态经济人的调控具有重要意义。此外，因为生态经济人之间具有较强的相关关系，为了促进信息共享，进一步降低生态经济人在环保中的成本支付，可以进一步提高信息共享能力，这些举措可以促进生态经济人选择积极环保行为。

## 二、基于外因的生态经济人规制

本章以 IPAT 系列模型为基础，将环境压力的影响因素分解为人口、财富和技术三类。综合前文分析结果，各个因素的影响途径如表 9.3 所示。

表 9.3 不同外因下政府生态规制主要举措

| 因素 | 主要因素分解 | 社会 $\sum E$ | 主要举措 |
|---|---|---|---|
| 人口 | 人口密度↓ | $\sum E$ ↑ | 建立生态经济人生态经济观的科学思维模式 |
| 财富 | 经济发展水平↑ | $\sum E$ ↑ | 向集约型经济的发展模式转型 |
| | 工业产业水平↑ | $\sum E$ ↑ | 促进产品结构升级换代 |
| | 隐性经济水平↓↑ | $\sum E$ ↑ | 规范和引导 |
| 技术 | R&D 投入↑ | $\sum E$ ↑ | 创造良好的研发环境，鼓励研发 |

如前文所述，人口的增加主要导致了生态经济人收益的减少和成本的增加，人口的增加意味着资源需求的增加，人们需要从生态环境中获取的更多。但是人类的繁衍是自然界的必然，而且人们自身在环保中付出的努力可以为生态环境带来更多的益处。于是，减少人口总量并不是明智的选择。取而代之的，应该是建立生态经济人生态经济观的科学思维模式（Li H and Sun D，2014）。从根本上讲，完善生态经济人自身的生态保护理念是十分必要的。人们必须摆脱以经济利益为中心的观念，认识到所有人类的经济活动都与生态系统息息相关。在处理生态、经济和社会之间的关系时，应当更多地关注经济活动给生态环境带来的影响。生态经济人在追求经济利益最大化的同时，应该兼顾生态环境的可持续发展。

除了人口因素之外，财富因素包括的经济发展水平、工业产业水平以及隐性经济等都对生态环境有着举足轻重的影响。工业发展比第一产业和第三产业需要更多的能源消耗。工业在全部产业中占比的提高，不可避免地带来了资源需求量和碳排放量的大幅增加。而随着经济发展水平的提高，粗放型经济发展模式会逐渐被取代，单位产出对能源总量的消耗会更低，因此经济发展水平的提高对维护生态环境具有积极正面的影响。隐性经济的存在是制度弱化的一个明显表现，由于支付环保成本的增加或者由于得益的增速放缓，生态经济人有可能脱离既有的经济活动转而追求隐性经济，这就提高了经济活动的隐蔽性，加大了规制的难度。由于隐性经济在中国的经济总量中占有一定比例，如何规范引导隐性经济，让隐性经济浮上来，是管理者提高政府生态规制有效性值得重视的问题。

技术的发展给生态环境的持续发展带来了良好的助力。推进清洁生产，逐步改变高能耗、高污染的能源消费结构，降低能源强度，优化能源结构，大大促进了经济增长方式的实质性转变。技术创新的发展，对于缓解生态环境恶化的压力，具有不可替代的作用。

为了更好地维护生态环境，把控外因对生态经济人收益和成本的影响，就必须充分发挥政府的作用。政府生态规制本质上是一个制度安排问题，良好的制度安排可以有效降低环境调节成本。

第一，帮助生态经济人自身建立科学规范的生态经济观，促进生态经济人合理行为的产生和发展，减少不合理行为的产生。制定激励措施，鼓励生态经济人进行生态保护。

第二，调整产品结构，促进产品结构升级换代。高能耗型产品加剧了二氧化碳排放和资源的消耗，通过降低高能耗产品的比重，提高低能耗产品的占比，可以不断减少资源的消耗，维护生态环境的发展，保持经济的稳定增长。政府需要通过政策指导产业结构升级，让粗放型经济增长方式向低能耗、高附加值的经济增长方式转变。同时，优化能源消费结构，推动企业进行技术升级，提高能源使用效率，降低产品生产的能耗。

第三，促进经济的发展，提高研发水平。根据前文结论，经济发展水平、第三产业和研发等因素都对生态经济人具有正面的积极作用。发展创新绿色技术，促进社会绿色生产，发展循环经济，在很大程度上推动了生态经济人环保理念的确立。尤其对于中国东部地区，人口比较多，经济比较发达，增强人们的环保意识，加强第三产业建设，是中国东部地区维护生态环境的最佳选择。对于中国中西部地区，推动研发工作的改进是维护生态环境的最佳选择。

第四，鉴于中国不同地区的具体情况，在生态环境规制的压力下，政府应充分重视生态经济人寻求隐性经济发展的动因和开端，规范和引导隐性经济活动，让隐性经济变成显性经济，或对隐性经济活动造成的过度污染征收惩罚性税收。这些措施可以提高消极环保行为的成本，减少消极环保行为的发生。

## 三、防范公共卫生危机下的生态经济人规制

中国古代早已认识到许多传染性疾病，《说文解字》中"疫"解释为："疫，民皆疾也。"千百年来，人类在对抗传染病疫情方面一直做着艰苦的努力。当一种传染性疾病突然暴发时，由于认识方面的局限性，人们往往无法立即找到对症良药，人类的繁衍和社会的秩序受到来自传染病疫情的极大挑战。人类一方面需要维持自身的生存，另一方面需要找到抗疫良药。Marra F J（1998）、Asmita（2015）认为社会各群体之间关系的好坏和行为决策对于应对公共危机十分重要。从主体上来看，新冠病毒防疫的载体必须明确到行为人身上，其实施的对象是地区里活动的行为人个体。防疫对应的是能够承担责任的个体，行为人个体才是防疫的切实执行者。随着生态环境的恶化，新

冠病毒或者其他类似传染病毒很有可能在将来卷土重来，分析行为人个体的防疫行为，探索国内外新冠病毒疫情应对措施，研究新冠病毒疫情有效的应对策略，对于防疫的成功和将来人类的生存具有重大意义。

（一）模型假设及模型构建

近年来，很多学者在科学研究中引入了人的行为因素。研究表明，社会偏好因素如公平偏好、利他偏好都会对人的决策行为产生影响。Fehr（1999）提出公平偏好理论（Preference for fairness theory），认为人类具有寻求公平的偏好。公平在人类社会生活中占据着重要位置，它是被广泛认可的一种社会规范，遵循公平本身就是一种奖励性行为（Tabibnia G，Satpute A B and Lieberman M D，2008），厌恶不公平是人与动物共有的特性（Yu R J，Calder A J and Mobbs D，2014）。"为己利他"行为机理指出，每个人在追求自身利益的时候往往会兼顾其选择的行为方式对其他相关者的影响，如果损害了他人的利益，他人则很可能会反过来采取损害自己的行为（Falk A and Fischbacher U，2006；布坎南，1989）。利他行为可以很好地解释社会生活和行为实验中大量存在的互惠互利现象，并可以为道德原则的秩序建立夯实微观行为基础。在探索个体的防疫行为中，利用公平偏好和利他偏好进行分析，将使得分析结果更为科学稳健。

1. 模型假设

（1）生态经济人是理性的，会依据自身效用最大化进行决策。此处的生态经济人是指独立做出防疫行为并且负责的个体。生态经济人个体的防疫行为本质是一种合作博弈关系，合作博弈主要研究行为人个体如何形成联盟及其联盟收益（支付）如何分配。假设在合作博弈关系中，生态经济人具有公平和利他偏好。

（2）假设个体采取积极防疫行动时可增加效用 $I$，同时需要支付一定的努力成本并减少效用 $C$。借鉴 Hong Fuhai 等（2012，2016）的做法，假设防疫后行为人获得的收益效用函数 $I$ 是线性形式，减少的成本效用函数 $C$ 是二次型的。收益效用函数为 $I(a_i)=\lambda a_i + \xi$，成本效用函数为 $C(a_i)=\theta a_i^2 + \zeta$。其中，$\xi$、$\zeta$ 为外生随机变量，$I$ 是 $a$ 的严格递增函数，$a$ 为生态经济人个体在防疫行动中付出的努力水平（$a$ 为非负数），$i$ 为生态经济人个体。个人的努力水平不同，相应的个人获得的收益和支出的防疫成本也不同。

（3）防疫行为属于生存环境的维护，是公共物品的一种（Markowska A and Żylicz T, 1999）。公共物品博弈中，关注的是多个相关个体间的博弈行为。假设防疫行为中有 $N$ 个参与者，每个行为个体可以选择做出积极防疫或者消极防疫的努力 $a$，付出成本效用 $C$，获得收益效用 $I$。

（4）生态经济人的防疫行为由生态经济人个体独立完成，但是会带来外部性。因为病毒是通过宿主传染的，如果一个人选择防疫，就可以减少其他人传染上病毒的可能性，使相关行为人获益。当所有人都做出决策后，假设选择积极防疫行为的人数为 $X$，则总收益效用 $IX$ 会翻 $r$ 倍后均分给 $N$ 个参与人，选择消极防疫的决策者的收益效用 $\mu\ (I,C)$ 为 $\mu\ (I,C)\ =rIX/N$，而选择积极防疫的合作者在扣除了成本效用 $C$ 后收益效用 $\mu\ (I,C)$ 为 $\mu\ (I,C)\ =rIX/N-C$。

2. 模型构建

纳什（Nash）证明了博弈模型中均衡的存在，使得博弈论成了研究个体交互行为的高效工具。防疫行为对于生态经济人个体而言，是基于公共产品博弈的合作博弈。生态经济人个体考虑到参与人行动的不确定性，在纯策略的基础上建立起混合策略的博弈模型。基于前文的假设，下文从防疫参与人的公平和利他偏好出发，并且基于政府在防疫中的干预力量得到行为人个体的期望效用函数为：

$$EU=\beta\mu(I,C) + A(I,C) + F(I,C) + G(I,C) \qquad 式（9.1）$$

其中，$EU$ 为期望效用总和，包含了生态经济人个体自身的防疫行为给自己带来的效用 $\mu(I,C)$，给其余相关生态经济人个体带来的利他效用 $A$ 和公平效用 $F$ 以及政府干预防疫行为产生的效用 $G$ 总和。$\beta$（$0 \leqslant \beta \leqslant 1$）为边际风险收益率。如果个体选择积极防疫行为，则个体可以在更大程度上保护自己不被传染上病毒，相对应的边际风险收益系数就越接近 1。如果个体选择消极防疫行为，则个体比较容易染上传染病，相对应的边际风险收益系数就接近 0。

参与约束条件（$IR$）：

$$\beta\mu(I,C) + A(I,C) + F(I,C) + G(I,C) \geqslant U_0 \qquad 式（9.2）$$

$U_0$ 为个体最初的效用。从而可得，生态经济人个体选择积极防疫的最低效用是：

$$\beta\mu(I,C) = U_0 - A(I,C) - F(I,C) - G(I,C) \qquad 式（9.3）$$

令一阶条件为零，计算得出一阶条件为：

$$\frac{\partial\mu(I,C)}{\partial I} = -(\frac{\partial A(I,C)}{\partial I} + \beta\frac{\partial F(I,C)}{\partial I} + \frac{\partial G(I,C)}{\partial I})/\beta \qquad 式（9.4）$$

$$\frac{\partial\mu(I,C)}{\partial C} = -(\frac{\partial A(I,C)}{\partial C} + \frac{\partial F(I,C)}{\partial C} + \frac{\partial G(I,C)}{\partial C})/\beta \qquad 式（9.5）$$

为简化运算，假设利他效用 $A$ 和公平效用 $F$ 以及政府干预产生的效用 $G$ 与生态经济人个体自身付出的防疫努力所获得的得益效用和成本效用为线性关系，根据模型假设（2），代入 $a$ 的取值，可以得到选择积极防疫的生态经济人个体的效用为：

$$EU_i = \beta\mu(a_i) - c(a_i) + k_1[\beta\mu(a_1,a_2,...,a_x) - c(a_1,a_2,...,a_x)] +$$
$$k_2[\beta\mu(a_1,a_2,...,a_x) - c(a_1,a_2,...,a_x)] + k_3[\beta\mu(a_i) - c(a_i)]$$

式（9.6）

其中，根据 Fehr-Schmidt（1999）假设，$0 \leqslant k_1 < 1$，$0 \leqslant k_2 < 1$。对于选择积极防疫的生态经济人个体，当 $k_1$、$k_2$、$k_3$ 值为零时，公式就简化成最基本的合作博弈模型。可见，上述模型反映了生态经济人个体在利他偏好、公平偏好和政府干预条件下获得的效用多少。

积极生态经济人参与防疫的约束条件为：

$$\beta\mu(a_i) - c(a_i) + k_1[\beta\mu(a_1,a_2,...,a_x) - c(a_1,a_2,...,a_x)] +$$
$$k_2[\beta\mu(a_1,a_2,...,a_x) - c(a_1,a_2,...,a_x)] + k_3[\beta\mu(a_i) - c(a_i)] \geqslant U_i(0)$$

式（9.7）

计算得出积极生态经济人参与积极防疫的最低一阶条件为：

$$a_i = \beta rx\lambda / (2\tau)$$

式（9.8）

或者

$$1 + k_1 + k_2 + k_3 = 0$$

式（9.9）

即生态经济人个体选择积极防疫行为，其付出的最低努力为 $a_i = \beta rx\lambda / (2\tau)$，或者，当生态经济人个体的自身效用、利他偏好效用和公平偏好效用的总和能够大于或者等于国家干预减少的效用时，生态经济人个体会选择积极防疫行为。

同样的，对于选择消极防疫的生态经济人个体，代入 $a$ 的取值，可以得到生态经济人选择消极防疫的效用为：

$$EU_m = \beta\mu(a_m) + k_1[\beta\mu(a_1,a_2,...,a_x) - c(a_1,a_2,...,a_x)] +$$
$$k_2[\beta\mu(a_1,a_2,...,a_x) - c(a_1,a_2,...,a_x)] + k_3[\beta\mu(a_m)]$$

式（9.10）

参与约束条件为：

$$\beta\mu(a_m) + k_1[\beta\mu(a_1,a_2,...,a_x) - c(a_1,a_2,...,a_x)] +$$
$$k_2[\beta\mu(a_1,a_2,...,a_x) - c(a_1,a_2,...,a_x)] + k_3[\beta\mu(a_m)] \leqslant U_m(0)$$

式（9.11）

计算得出消极防疫生态经济人个体做出消极防疫的临界一阶条件为：

$$\beta=0 \qquad\qquad 式（9.12）$$

或者

$$1+k_3=0 \qquad\qquad 式（9.13）$$

即如果使得生态经济人个体付出防疫努力后，其自身可以获得的效用为 0 或者生态经济人个体获得的自身效用等于国家干预而减少的效用总和时，生态经济人个体容易选择消极防疫。

（二）模型结论

1. 基于个体理性的利益最大化所做出的生态经济人个体行为并不是应对新冠病毒的最佳选择。它符合布雷斯悖论

式（9.9）和式（9.12）表明，个人的理性选择并不是防疫的最佳选择，这符合布雷斯悖论。布雷斯悖论揭示了当增加道路，出于个人的理性做出的交通选择最终却导致了在交通上耗时的增加。尽管增加道路从理性角度上而言不至于增加甚至应该是缩短了人们的出行时间，然而在实际生活中，由于人们都凭借自己的理性选择了最短出行路径，导致道路拥堵，因此反而增加了出行时间（大卫·伊斯利、乔恩·克莱因伯格，2011）。布雷斯悖论同样适用于防疫行为。

当新冠病毒疫情暴发时，我们呼吁人们戴口罩，使用酒精消毒，反而使得口罩和酒精物品短缺，甚至出现假冒伪劣产品。当新冠病毒疫情发生时，更多人去医院检查，反而让医院更拥堵，拥堵的医院可能会使更多的人感染新冠病毒，这一定不是防疫的最优路径，反而可能使得防疫局面变得更为糟糕。

在现实中，部分消极防疫群体出于对自由和人权的热爱，拒绝戴上口罩，拒绝自我隔离。如式（9.10）所示，消极防疫群体的最佳选择是基于自身的自

由和人权做出的消极防疫，不需要做出防疫努力就可以获得积极防疫群体的正外部性效用，并且获得利他偏好和公平偏好效用。但是消极防疫群体的消极防疫行为可能导致自己暴露在易感病毒的环境下，反而导致自己获得的效用大大降低。

2. 基于利他和公平偏好所带来的个体行为是应对新冠病毒的良好选择

在合作博弈中，合作的本质是一种利他和公平行为。利他和公平行为通常是对他人或者社会有益的积极行为，包括分享、合作及捐赠等。利他和社会公平行为是合作博弈产生的关键驱动因素之一，通过利他性来理解合作行为也是博弈的重要内容。利他性和社会公平也常常被研究者用来说明理性人假设的不合理性。

新冠病毒疫情暴发期间，一个健康的理性个人，选择居家隔离病毒，减少外出是应对它的最好选择。居家隔离的防疫模式，不仅节约了口罩等社会资源，而且降低了外出的人口密度和传染概率，给他人带来了正外部性，也考虑到了社会的公平。然而我们看到，消极防疫群体可能会采取消极的防疫行为，甚至拒绝隔离。消极防疫群体的个人选择与防疫的最佳选择产生了逻辑上的矛盾。这说明了，博弈的方式虽然有可能在表面上为个体带来最大得益，然而个体之间行为缺乏统一协调所带来的劣势有可能使得行为结果偏离原有目的。对于消极防疫的人来说，追求个人的人权、不受疫情影响的自由生活方式是更符合他们内心的选择。然而这有悖于利他偏好和公平偏好，给他人和社会带来了困扰，增加了新冠病毒的传染概率。相对消极防疫行为来说，兼顾利他偏好和公平偏好的积极防疫行为更是符合社会最优的良好选择。

3. 政府干预个体行为是应对新冠病毒疫情的必要补充

防疫行为的布雷斯悖论现象揭示了个体的最优未必是社会的最优。如何解决布雷斯悖论问题？其有效途径就是政府干预。政府干预可以使得布雷斯悖论获得均衡。政府干预防疫行为是应对新冠病毒疫情的必要补充。当疫情突然暴发，人类还没充分认识病毒和掌握相关的医疗技术时，充分考虑他人利益和社会公平的社会隔离会是个体应对新冠病毒的最佳选择，然而消极防疫群体会选择忽略给他人带来的负外部性而随心而欲，这就需要政府干预，调动消极防疫群体的防疫积极性，减少因为消极防疫群体的随机行为而增加的新冠病毒感染风险。

（三）启示

基于新冠病毒疫情的突发性和复杂性，危机事件的爆发往往会带来严重的社会影响。政府、个体等各群体的行为决策也会受到影响。由于影响范围广、影响群体众多，决定了应对新冠病毒疫情不能简单依靠政府或其他单一群体的力量，而是需要政府和各社会群体共同努力。这次暴发的新冠病毒疫情，很多国家医疗设施供应不足，重症监护病房不堪重负，新冠病毒疫情的大范围流行，变相地成了检测国家机构是否有效的手段。面临新冠病毒疫情，政府首先应该增强抵御传染病的能力，不断开发新的传染病防控技术和疫苗。其次，还应努力医治经济创伤，减轻经济衰退对群众的影响。

国家干预与依靠提升生态经济人个体的利他偏好和公平偏好防疫的手段各有优缺点。在疫情暴发期间，国家的强力介入可以促使防疫在短期内收到立竿见影的效果，但是相对应的，付出的物质成本较高。相较于政府规制，提升生态经济人个体的利他偏好和公平偏好耗费的物质成本更低，但是生态经济人个体利他偏好和公平偏好的提高是一个长期的工作，无法在短期内完成。我们有理由相信新冠病毒疫情或者类似疫情会卷土重来，因此从长远来看，提升生态经济人个体的公平偏好和利他偏好是更好的选择。

生态经济人个体是防疫的执行者，对于防疫行为，最根本的是建立和完善个体的科学防疫观。个体需要提高自身的素养，摆脱以自己的利益为中心的观念，认识到所有人类的活动都与其他个体以及环境息息相关。在现实生活中，公平和利他行为的深度和广度往往受到一些社会条件的影响。社会经验、教育背景等因素都能影响公平和利他行为选择的程度。同时，公平和利他行为的选择还与社会风气有关。营造良好的社会风气，有利于生态经济人个体公平和利他偏好习惯的养成。

当前，中国经济转向高质量发展，随着全球经济不稳定的加剧，市场环境和社会信息的不确定性越发突显，建设和完善资源共享和资源整合体系，发挥资源调配功能，促进工业转型升级，近年被列为中国经济发展的重大战略。资源是人类赖以生存和发展的弥足珍贵的物质基础。在传统经济学范式中，资源泛指土地等自然资源，它们作为外部因素即"自然要素"存在于经济学中。早在重农主义时代，古典经济学家就将土地视为经济发展的基础要素之一，亚当·斯密甚至认为"没有资本积累和土地占有，大自然仍能保留原貌，并可以为人类活动供应一定数量和质量的物品"①。但随着欧洲工业革命的开始，工业在经济产量中的占比急剧上升，农业比重逐渐下降，人们对资源的重视程度逐渐下降，转而重视物质财富等社会资源。

Wernerfelt（1984）最先提出资源基础理论，他认为拥有管理和进一步开发资源是企业获得竞争优势的重要因素。此时资源的内涵已经得到拓展，资源的来源及组成，不仅包括自然资源，而且还包括人类社会的人才、信息和知识等资源。21世纪以来，信息技术革命的兴起标志着人类逐渐从工业时代

---

① 亚当·斯密：《国民财富的性质和原因的研究（上、下）》，郭大力、王亚南译，商务印书馆，1972。

步入信息时代，科技力量推动新的社会进步，技术和知识等无形资产正以改变一切的力量并且潜移默化地影响着人类的生产生活方式。据此，资源指的是一切可被人类开发和利用的物质、能量和信息的总和，它广泛地存在于自然界和人类社会之中，是一种自然存在物或能够给人类带来财富的物质。新华字典对资源的定义为：一国或一定地区内拥有的物力、财力、人力等各种物质要素的总称。

资源按照它的来源可以划分为自然资源和社会资源，按照存在形式可以划分为有形资源和无形资源。自然资源往往表现为有形资源的形式，如政府提供的公共物品以及企业自身拥有的物质财富，而社会资源通常表现为无形资源的形式，如技术和知识等无形资产以及企业自身的文化资源和人力资源等。

作为一种自然存在物或者物质财富，资源具有自己的特性。首先，资源具有物质性，它必然表现为一定数量的存在物或者财富；其次，大多资源具有增值性和可开发性，资源的使用可以创造更多的价值；最后，资源只能在一定条件下形成，只能以一定的规模加以利用。资源往往是有限的。

囿于资源的特性，人们容易从各自允许的行为或策略进行选择并使用资源，这样人们就参与了资源的博弈。在资源博弈中，参与者从自己的利益出发，与其他参与者达成谈判协议或形成联盟，这样的结果往往对联盟方均有利，满足合作性博弈的条件，因此，资源博弈也是合作性博弈的一种。在资源博弈中，参与者获取资源的概率和收益都随着资源合作效应的增加而增加。

资源整合作为供给侧改革和生态文明建设的重要举措，要求政府能够将资源整合概念嵌入其运营理念、战略决策等各个方面。如何加快资源共享和资源整合的体系构建，增加资源的有效供给，保障资源发挥推动工业转型的有力作用是当前社会和经济建设面临的重要课题。政府应该引导生态经济人进行资源识别、资源获取、资源共享及资源利用，从资源的识别、获取，到资源的共享以及整合利用，形成一整套分工明确、行之有效的如何进行资源共享的体系，从而调动社会的一切力量参与到资源整合中去，在信息社会的市场活动中引导良性的资源共享。政府的正确引导，能够优化内部环境，减少生态经济人在资源博弈及资源共享中违约失信现象的发生，可以调节生态经济人之间的博弈关系，帮助生态经济人利用资源创造出更多的新价值。

## 四、本章小结

发展必须有限度，必须能够保护好人类赖以生存与发展的自然资源和生态环境，必须不能危害到后代人的发展。人类必须在经济发展与自然资源和生态保护之间取得平衡，而不是以牺牲资源和环境为代价取得经济的发展。在生态环境污染日益严重，治理生态环境污染压力日益增加的今天，尝试如何引导、鼓励和支持个体做出环保行为，减少生态经济人个体违约失信现象，调节生态经济人之间的契约关系显得尤为重要。我们必须采用综合的方法，面对同质或者异质的生态污染品，考虑生态经济人个体相对独立或者相关的特征，权衡生态经济人个体的得益和成本支付，利用经济人在环保中的身份特点，合理适度进行政府规制，实施限制排污量、制定排污标准、对污染行为征税以及规范管理隐性经济等生态规制政策，降低生态环境污染，保持经济健康稳定增长。同时，政府应规范和引导隐性经济的发展，敦促企业建立资源节约型、环境友好型的生态企业。为了实现经济和社会的可持续发展，工业背景企业需要努力将其高能耗工艺转变为低能耗工艺，促进实现技术创新。当然，从根本上来说，帮助生态经济人建立科学完善的生态自然观是进行生态保护最有效的选择。

# 第十章 结论

## 一、本书结论

"生态经济人"的完整福祉涵盖经济、社会、生态环境和文化精神福利等人类幸福的多方面。财富是价值的核心客体指向，"生态经济人"的财富是生态资本观下的社会物质财富与自然生态财富的统一体，是生态、物质、文化财富的全面总和。

本书对"生态经济人"的概念进行了数量方面上的界定，对生态经济人的假设做了进一步的抽象和概括，强调生态经济人对当今文明的重要性。在纵向的分析上，本书在对生态经济学学说和生态经济人的提出进行梳理的基础上，对相关理论模型进行了阐述和扩展，更重要的是通过构建生态经济人的指标体系，量化了生态经济人的收益和成本支付，并且在此基础之上从生态经济人的身份识别，到生态经济人的契约履行及实证分析，扩展到分析政府作为第三方对生态经济人进行规制等，层层深入，对生态经济人展开了研究。从最初对生态经济人身份的分析，到把生态经济人的影响因素划分为内因和外因两个维度，对生态经济人契约的履行进行分析，再到放开限制，加入政府作为第三方，展现了逻辑上的层层递进。此外，在检验政府对生态经济人规制的有效性时，先把研究视角集中在某个试点地区和某个区域的某个生态环境规制政策上，而后应用被调节中介模型检验了某个年度政府规制的有效性，最后基于现实，放宽模型的使用条件，提出存在断点条件下的面板被调节中介模型并对政府规制的有效性进行检验，在纵向逻辑上同样展示了层层递进的关系。在横向的分析上，本书在分析影响因素时统一使用基于 IPAT 等系列模型的研究结论作为变量的构建基础，保持了本书在变量选择上的一致。本书的第二章对生态经济人的身份识别和身份转换特征进行实证分析，第三章到第五章是对生态经济人的契约履行进行实证研究，第六章到第八章是对生态经济人规制的有效性进行检验，第九章提出生态经济人规制建议，第十章是本书结论。

本书第二章主要界定了生态经济人的概念，指出生态经济人具有泛化的特征，依据生态经济人的环保行为把生态经济人划分为积极环保型生态经济人和消极环保型生态经济人两类。利用粗糙集对生态经济人进行了界定。通过构建生态经济人的收益和成本支付指标，测算出了中国 30 个省、直辖市、自治区[①]的中国生态经济人成本和收益的具体数值。结果发现，中国东部和中部地区的生态环境总体状况较西部地区更好，中国西部地区的生态环境较差。对于中西部地区，规范隐性经济的发展，促进研发水平的提高是生态环境保护的最佳选择。对于东部地区，增强人们的环保意识，大力发展第三产业是最佳选择。

本书第三章介绍了契约的由来，界定了生态经济人契约。结合使用粗糙集和博弈论，利用博弈论寻找粗糙集的上、下确界。博弈论的使用又分为静态博弈和动态博弈两种。博弈的情况分别针对生态经济人是否独立、生态污

---

① 由于数据缺失，本书未包含西藏自治区、香港特区、澳门特区和台湾地区。

染品是否同质进行讨论。通过分析结果，寻找影响了生态经济人契约的执行的因素。第四章构建生态经济人在环保行动中付出的努力水平的指标体系，测算出具体的影响生态经济人契约履行的内因数值。第五章在第四章的分析基础上，把影响生态经济人契约履行的因素划分为内因和外因两个维度。其中，内因指的是生态经济人在环保行动中付出的努力；外因指的是财富、技术和人口因素。通过构建动态面板数据模型，找出在内外因共同影响下的生态经济人契约履行的估计方程式。结论表明，生态经济人自身付出的努力水平对生态经济人契约的收益和成本都有显著影响，而经济发展水平的提高，第三产业产值的增加对生态经济人契约的收益的增加和成本的减少都有正向影响，隐性经济的发展和人口密度的提高以及研发经费的增加对生态经济人契约的收益和成本的影响视具体情况而定。

鉴于中国经济发展中具有不可忽视的政府规制的特点，本书第六章开始把政府作为第三方加入到了生态经济人的研究中。第六章和第七章分别分析生态经济人规制的两个典型政策，即碳排放权交易和生态补偿机制。第六章基于气候对生态经济人进行规制，选取 6 个碳排放权交易实施的试点地区，检验了规制的有效性。第七章基于水体、森林和自然保护区等方面，以整个长三角地区作为研究对象，检验了生态补偿机制的有效性。第八章放宽了研究视角，以整个中国生态经济人作为研究对象，借助被调节中介模型检验了生态经济人规制的有效性。被调节中介模型在实证分析中有局限性，考虑到中国近几十年的地区生产总值增长率出现断点以及面板分析更为准确高效的事实，第八章还提出了存在断点条件下的面板被调节中介模型，以检验政府规制的有效性。实证研究结果表明，政府对生态经济人的规制是有效的。然而政府规制是一把双刃剑，它具有两面性。

第九章在前文分析的基础上，从内因和外因两个维度，对政府如何规制生态经济人提出了建议。本书认为，帮助生态经济人个体建立健全科学的生态价值观仍然是最根本的可行途径，转变经济的发展模式到集约式上来，研发创新，促进产业结构的升级仍然是当前的最佳选择。

## 二、本书的创新、不足与研究展望

（一）与以往研究相比，本书的创新即研究贡献

1.探讨生态经济人的内涵，并进一步量化生态经济人。随着时代发展的需要，兼顾经济社会和生态环境的发展呼唤着新的学科载体，即生态经济人的出现。探索生态环境与经济社会协调下的可持续发展，亟须在理论上对经济人个体作一个新的界定，这种新的界定有可能将经济学带入新的发展阶段。

然而，现有条件很难量化生态经济人，本书通过参考国家发改委颁布的《绿色发展指标体系》，构建量化生态经济人的指标体系，并进一步运用定量的方法将生态经济人划分为积极环保和消极环保两类，为从更深的层次对生态经济人的行为分析奠定基础，使生态经济人的分析更加深入和科学。

2.当生态契约得到普遍确认，生态经济人个体之间产生了契约关系并且对如何执行契约有了自主选择，用契约模拟描述个体如何作为生态环境的主体履行积极环保或者消极环保契约。在生态经济人契约履行的分析过程中，把粗糙集和博弈的方法结合使用，利用博弈方法寻找粗糙集的上、下确界。博弈方法和粗糙集方法的结合无疑给粗糙集和博弈论的研究和应用都带来了新意。

为了把契约的履行从理论分析拓展到实践应用，本书第五章通过动态面

板数据方法量化出了第三章的博弈理论结果。这种新的尝试，一是把理论结果和实践应用紧密结合起来；二是在粗糙集和博弈结合使用的基础上，进一步结合了新的方法，即结合使用应用计量经济学方法，利用计量经济学方法测算出理论分析模型的数据结果。

3. 鉴于中国政府规制不可忽略的特性，从政府生态规制的切实执行者为生态经济人的角度切入，选取碳排放权交易和生态补偿机制的实施作为分析政府规制生态经济人的实例。其中，碳排放权交易是以气候为主的规制政策，生态补偿机制是以水体、森林和自然保护区等为主的规制政策，二者在规制的内容上互为补充。

在分析方法上，首先利用合成控制法探讨碳排放权交易和生态补偿机制的实施效果，这给碳排放权交易和生态补偿的研究带来了一定的新意。通过合成控制法的研究，验证碳排放权交易和生态补偿机制是否有效以及是否产生断点效应；利用断点回归分析政策实施效果的因果分析并且依据因果分析结果推断政策实施效果的持续性。合成控制法相较于其他研究方法，虽然可以从基于反事实的视角让政策实施效果的分析更为科学，但是没法判断政策实施的持续性；而断点回归虽然可以提供政策实施后的因果关系，但是没法判定具体是由什么因素引起的断点。本书通过将合成控制法与断点回归分析相结合，克服了合成控制法与断点回归法各自的不足，为研究政策实施效果以及实施效果的持续性提供了一个可能的研究方向，这也是本书的重要创新点之一。

4. 为了直接验证政府对生态经济人规制的有效性，本书应用了被调节中介分析和存在断点条件下的面板被调节中介分析方法。其中，存在断点条件下的面板被调节中介分析是本书的一个新的尝试，相比于被调节中介分析，存在断点条件下的面板被调节中介分析，一是把应用范围拓展到了面板数据，二是考虑到了断点的存在。现有文献鲜少刻画地区生产总值增长率断点的量化研究，本书用断点回归方法佐证了地区生产总值增长率断点的存在，并且基于中国的数据，把被调节中介模型的分析拓展到了面板数据的分析中。本书尝试将断点回归模型结合进面板被调节中介模型，丰富了研究方法，进一步拓展了被调节中介模型和断点回归模型的应用。虽然本书主要研究的是生态经济人的规制，本书提出的存在断点条件下的面板被调节中介模型的分析方法，可以被拓展并应用于其他研究领域中。

5.本书在分析生态经济人的契约选择的外因，碳排放权交易和生态补偿机制实施的影响因素，以及生态经济人规制的影响因素等时，都是基于IPAT系列模型的结论展开的，在前后逻辑上保持了一致性。此外，鉴于中国隐性经济不可忽视的特点，本书在IPAT系列模型的财富因素分析过程中加入了隐性经济规模因素，既为IPAT系列模型增加了新意又使得本书的分析更为客观科学。

6.在实证过程中，本书在分析生态经济人自身的环保努力时，构建了量化生态经济人自身努力的指标体系，应用邻域粗糙集进行属性约简，并且应用粗糙集和遗传算法的粗糙集对约简结果进行稳健检验；在合成控制法和断点回归的使用过程中，应用Bootstrap安慰剂检验对结果进行检验，多种粗糙集方法的使用以及Bootstrap安慰剂检验方法的使用也给实证应用方法增加了新意。

（二）本书的不足之处

1. 量化生态经济人的过程中涉及的变量较多，由于数据获得性的限制，特别是某些地区的环境污染治理投资、"三废"排放的数据收集较为困难，本书只能收集到中国 2003—2016 年各省、直辖市、自治区相关变量的数据，数据的时间维度和空间维度有限，研究结果可能存在着一定程度的限制与极端化。

2. 由于生态经济人个体并没有相应的数据收集渠道，尽管本书对使用的生态经济人数据的可行性进行了论证，能够保证数据的使用不影响本书得出相关结论，但仍然掩盖不了用全国各省市的数据替代生态经济人个体进行实证分析的事实，结果可能存在着一定程度的偏差。

针对本书的不足，如何进一步抽象提炼出生态经济人个体的行为规律是下一步的研究重点。经济规律一般是对现实生活的高度抽象，往往无法面面俱到地反映出现实生活的具体情况。同样的，生态经济人在本质上是对个体的一种高度概括和抽象，也无法具体反映到现实生活中。如何细化生态经济人的不同群体，力求更接近现实生活的真实情况是下一步的工作重点。在研究方法上，因为生态经济人自身具有积极环保身份和消极环保身份相互转换的特征，很多实证模型的应用受到了限制。书中第四章对于生态经济人契约履行的实证分析中只能借助把生态经济人划分为选择积极环保契约或消极环保契约两类群体进行。但是在理论上，可以运用面板数据的 MS-VAR 模型进行分析，如何借助蒙特卡洛算法和机器算法对面板数据的 MS-VAR 模型进行估算（比如最大似然估算）是下一步的实证研究工作重点。

此外，部分传染病病毒可能来源于野生动物，为了生态环境的持续发展，对野生动物的保护也应该纳入生态经济人环保行动中。保护野生动物和预防病毒传染也应成为衡量生态经济人环保行动的指标之一。然而囿于现有条件,本书并没有包括这一部分内容。如何在生态经济人中强调保护野生动物以及预防病毒传染,如何应用数量经济学方法帮助分析预防病毒传染,将是下一步的努力方向。

# 参考文献

一、中文文献

[1] 布坎南.自由、市场与国家：80年代的政治经济学［M］.平新桥，莫扶民，译.上海：上海三联书店，1989.

[2] 陈诗一.能源消耗、二氧化碳排放与中国工业的可持续发展［J］.经济研究，2009，4：41-55.

[3] 成邦文，师汉民，王齐庄.多维统计数据质量检验与异常点识别的模型与方法［J］.数学的实践与认识，2003（4）：1-7.

[4] 成邦文，石林芬，杨宏进.统计数据质量检查与异常点识别的模型与方法［J］.系统工程，2001（3）：85-89.

[5] 成邦文，王娅莉，石林芬，等.科技规模指标的对数正态分布规律［J］.科学学与科学技术管理，2000（9）：9-11.

[6] 大卫·伊斯利，乔恩·克莱因伯格.网络、群体和市场［M］.李晓明，王卫红，杨韫利，译.北京：清华大学出版社，2011.

[7] 德内拉·梅多斯，乔根·兰德斯，丹尼斯·梅多斯.增长的极限［M］.李涛，王智勇，译.北京：机械工业出版社，2006.

［8］杜强，陈乔，陆宁.基于改进 IPAT 模型的中国未来碳排放预测［J］.环境科学学报，2012，32（9）：2294-2302.

［9］龚利，屠红洲，龚存.基于 STIRPAT 模型的能源消费碳排放的影响因素研究——以长三角地区为例［J］.工业技术经济，2018，37（8）：95-102.

［10］郝淑双，朱喜安.中国区域绿色发展水平影响因素的空间计量［J］.经济经纬，2019，36（1）：10-17.

［11］赫尔曼·E.戴利.超越增长——可持续发展经济学［M］.上海：上海译文出版社，2001.

［12］计志英，毛杰，赖小锋.FDI 规模对我国环境污染的影响效应研究——基于 30 个省级面板数据模型的实证检验［J］.世界经济研究，2015（3）：56-65.

［13］加里·S.贝克尔.人类行为的经济分析［M］.王业宇，陈琪，译.上海：格致出版社，2015.

［14］孔伟，任亮，治丹丹，等.京津冀协同发展背景下区域生态补偿机制研究——基于生态资产的视角［J］.资源开发与市场，2019，35（1）：57-61.

［15］莱斯特·R.布朗.生态经济——有利于地球的经济构想［M］.林自新，戢守志，译.北京：东方出版社，2002.

［16］蕾切尔·卡逊.寂静的春天［M］.吕瑞兰，李长生，译.上海：上海译文出版社，2014.

［17］李锴，齐绍洲.贸易开放、经济增长与中国二氧化碳排放［J］.经济研究，2011，46（11）：60-72.

［18］厉以宁，辜胜阻，高培勇，等.中国经济学 70 年：回顾与展望——庆
祝新中国成立 70 周年笔谈（下）［J］.经济研究，2019，54（10）：4-23.

［19］利奥波德.沙乡年鉴［M］.侯文蕙，译.长春：吉林人民出版社，1997.

［20］林伯强，刘希颖，邹楚沅，等.资源税改革：以煤炭为例的资源经济学
分析［J］.中国社会科学，2012（2）：58-78.

［21］林伯强，李江龙.环境治理约束下的中国能源结构转变——基于煤炭和
二氧化碳峰值的分析［J］.中国社会科学，2015（9）：84-107.

［22］刘家顺，王广凤.基于"生态经济人"的企业利益性排污治理行为博弈
分析［J］.生态经济，2007（3）：4.

［23］刘利花，杨彬如.中国省域耕地生态补偿研究［J］.中国人口·资源与
环境，2019，29（2）：52-62.

［24］卢娜，曲福田，冯淑怡，等.基于 STIRPAT 模型的能源消费碳足迹变化
及影响因素——以江苏省苏锡常地区为例［J］.自然资源学报，2011，
26（5）：814-824.

［25］马姗伊.经济人的行为动机分析［D］.辽宁：辽宁大学，2008.

［26］毛太田，肖锏，邹凯.一种基于粗糙集条件信息熵的多指标综合评价方
法研究［J］.统计研究，2014，31（7）：92-96.

［27］毛显强，钟瑜，张胜.生态补偿的理论探讨［J］.中国人口·资源与环
境，2002（4）：40-43.

［28］门格尔.国民经济学原理［M］.刘絜敖，译.上海：上海世纪出版社，
2001.

［29］聂辉华.最优农业契约与中国农业产业化模式［J］.经济学(季刊)，
2013，12（1）：313-330.

［30］彭水军，刘安平．中国对外贸易的环境影响效应：基于环境投入—产出模型的经验研究［J］．世界经济，2010（5）：140-160．

［31］亓同惠．法治中国背景下的"契约式身份"：从理性规制到德性认同［J］．法学家，2015（3）：1-15．

［32］沈满洪．绿色制度创新论［M］．北京：中国环境科学出版社，2005．

［33］沈满洪．全国生态经济建设理论与实践研讨会综述［J］．经济学动态，2003（4）：45-46．

［34］盛斌，吕越．外国直接投资对中国环境的影响——来自工业行业面板数据的实证研究［J］．中国社会科学，2012（5）：54-75．

［35］宋德勇，杨柳青青．生态宏观经济学研究新进展［J］．经济学动态，2017（9）：111-123．

［36］宋德勇．工业化、市场化、国际化与中国的经济增长——对"中国奇迹"的一种解释［J］．华中理工大学学报（社会科学版），1999（3）：73-75．

［37］田侃，李泽广，陈宇峰．"次优"债务契约的治理绩效研究［J］．经济研究，2010（8）：90-102．

［38］涂正革，谌仁俊．排污权交易机制在中国能否实现波特效应？［J］．经济研究，2015，50（7）：160-173．

［39］魏鹏．供给侧改革促进经济中高速增长——基于2004—2015年省际面板数据实证分析［J］．经济问题探索，2016（10）：18-27．

［40］魏巍贤，王月红．京津冀大气污染治理生态补偿标准研究［J］．财经研究，2019，45（4）：96-110．

［41］肖忠意．威廉·布罗克对数量经济学与生态经济学的贡献［J］．经济学动态，2017（7）：148-158．

［42］徐蔼婷，李金昌．中国未被观测经济规模——基于 MIMIC 模型和经济普查数据的新发现［J］．统计研究，2007，24（9）：30-36．

［43］许毓坤．央行对公众行为反应规则的博弈分析［J］．上海经济研究，2013，25（9）：39-47．

［44］亚当·斯密．国民财富的性质和原因的研究（上下）［M］．郭大力，王亚南，译．北京：商务印书馆，1972．

［45］闫海波，陈敬良，孟媛．中国省级地下经济与环境污染——空间计量经济学模型的实证［J］．中国人口．资源与环境，2012，22（S2）：275-280．

［46］杨灿明，孙群力．中国各地区隐性经济的规模、原因和影响［J］．经济研究，2010，45（4）：93-106．

［47］余长林，高宏建．环境管制对中国环境污染的影响——基于隐性经济的视角［J］．中国工业经济，2015（7）：21-35．

［48］约翰·B．科布．文明与生态文明［J］．马克思主义与现实，2007，6：18-22．

［49］约翰·梅纳德·凯恩斯．就业、利息和货币通论［M］．高鸿业，译．北京：商务印书馆，2005．

［50］张博，韩复龄．环境规制、隐性经济与环境污染［J］．财经问题研究，2017（6）：22-29．

［51］张丽红．构建生态文明与塑造生态人［J］．赤峰学院学报（汉文哲学社会科学版），2007，28（3）：70-71．

［52］周宇．论中国高速经济增长的动因：基于国际比较视角的分析［J］．世界经济研究，2019（11）：15-23．

二、外文文献

[1] ABADIE A, DIAMOND A J, HAINMUELLER J. Comparative Politics and the Synthetic Control Method [J] .*American Journal of Political Science*, 2012, 59 (2) : 495-510.

[2] ABADIE A, GARDEAZABAL A J. Synthetic Control Methods for Comparative Case Studies: Estimating the Effect of California's Tobacco Control Program [J] . *Publications of the American Statistical Association*, 2010, 105 (409) : 493-505.

[3] ALCHIAN A A, DEMSETZ H. Production, Information Costs, and Economic Organization [J] .*American Economic Review*, 1972, 62 (50) : 777-795.

[4] ANDERSON M L. Subways, Strikes, and Slowdowns: The Impacts of Public Transit on Traffic Congestion[J].*American Economic Review*, 2014, 104(9): 2763-2796.

[5] BARKER T, ANGER A, CHEWPREECHA U, et al. A New Economics Approach to Modelling Policies to Achieve Global 2020 Targets for Climate Stabilisation [J] .*International Review of Applied Economics*, 2012, 26 (2) : 205-221.

[6] BARKER T, DAGOUMAS A. The Macroeconomic Rebound Effect and the World economy [J] .*Energy Efficiency*, 2009, 2 (4) : 411-427.

[7] BARKER T. GDP and Employment Effects of Policies to Close the 2020 Emissions Gap [J] .*Climate Policy*, 2015, 16 (4) : 1-22.

[8] BILDIRICI M E. Economic Growth and Electricity Consumption: Ms-var and Ms-Granger Causality Analysis [J] .*Opec Energy Review*, 2013, 37 (4) :

447-476.

[ 9 ] BODJANOVA S. Approximation of Fuzzy Concepts in Decision Making [ J ] . *Fuzzy Sets and Systems*, 1997, 85 ( 1 ) : 23-29.

[ 10 ] BOULDING K E. The Economics of the Coming Spaceship Earth [ C ] // Resources for the Future Forum on Environmental Quality in a Growing Economy, 1966.

[ 11 ] BROCK A W, CARPENTER R S. Early Warnings of Regime Shift when the Ecosystem Structure is Unknown [ J ] . *Plos One*, 2012, 7 ( 9 ) : e45586.

[ 12 ] BROCK W A, XEPAPADEAS A. Biodiversity Management under Uncertainty: Species Selection and Harvesting Rules [ C ] // Kristrom B, Dasgupta P, Lofgren K. Economic Theory for the Environment: Essays in Honour of Karl-Göran Mäler, 2002: 62-97.

[ 13 ] BROCK W A, XEPAPADEAS A. Optimal Ecosystem Management when Species Compete for Limiting Resource [ J ] .*Journal of Enviromental Economics and Management*, 2002, 44 ( 2 ) : 189-220.

[ 14 ] BROCK W A, XEPAPADEAS A, YANNACOPOULOS N A. Optimal Agglomerations in Dynamic Economics [ J ]. *Journal of Mathematical Economics*, 2014, 53 ( 8 ) : 1-15.

[ 15 ] BROCK W A, XEPAPADEAS A, YANNACOPOULOS N A. Robust Control and Hot Spots in Spatiotemporal Economic Systems [ J ] .*Dynamic Games and Applications*, 2014, 4 ( 3 ) : 1-33.

[ 16 ] BROCK W A, ZEEUW D A. The Repeated Lake Game [ J ] .*Economics Letters*, 2002, 76 ( 1 ) : 109-114.

[ 17 ] CAREY H . *The Principles of Social Science* [ M ] .Philadelphia: Lippincott and Co, 1858.

[ 18 ] CARPENTER S R, BROCK W A, HANSON P C. Ecological and Social Dynamics in Simple Models of Ecosystem Management [ J ] .*Ecology and Society*, 1999, 3（2）: 4.

[ 19 ] CARPENTER S R, LUDWIG D, BROCK W A. Management of Eutrophication for Lakes Subject to Potentially Irreversible Change [ J ] . *Ecological Applications*, 1999, 9（3）: 751-771.

[ 20 ] CASTILLO V, GARONE L F, MAFFIOLI A, et al. The Causal Effects of Regional Industrial Policies on Employment: A Synthetic Control Approach [ J ] .*Regional Science and Urban Economics*, 2017, 67: 25-41.

[ 21 ] CATHERINE H, RAPSON D S. Regression Discontinuity in Time: Considerations for Empirical Applications [ J ] .*Annual Review of Resource Economics*, 2018, 10（1）: 533-552.

[ 22 ] CHANRNESS G, HARURY E. Altruism, Equity, and Reciprocity in a Gift-Exchange Experiment: An Encompassing Approach [ J ] .*Games and Economic Behavior*, 2002, 40（2）: 203-231.

[ 23 ] CHOI C. Does Economic Growth Really Reduce Disaster Damages? Index Decomposition Analysis for the Relationship between Disaster Damages, Urbanization and Economic Growth and its Implications [ J ] .*International Journal of Urban Sciences*, 2016, 20（2）: 188-205.

[ 24 ] COASE R H. The Nature of the Firm [ J ] .*Economica*, 1937, 4（16）: 386-405.

［25］COLE M S, WATER F, BRUCH H. Affective Mechanisms Linking Dysfunctional Behavior to Performance in Work Teams: A Moderated Mediation Study［J］. *The Journal of Applied Psychology*, 2008, 93: 945-958.

［26］CONSTANZA R, CUMBERLAND J, DALY H, et al. *An Introduction to Ecological Economics*［M］.Boca Raton: CRC Press, 1998.

［27］COOPER C J, OSBORN T C. The Effect of Rental Rates on the Extension of Conservation Reserve Program Contracts［J］.*American Journal of Agricultural Economics*, 1998, 80（1）: 184-194.

［28］COPELAND B R, TAYLOR M S. *Trade and the Environment: Theory and evidence*［M］. New Jersey: Princeton University Press, 2003: 89-94.

［29］CROCKER T D. The Structuring of Atmospheric Pollution Control Systems ［J］.*Economics of Air Pollution*, 1966, 29（2）: 288.

［30］DAFERMOS Y, NIKOLAIDI M, GALANIS G. A Stock-Flow-Fund Ecological Macroeconomic Model［J］.*Ecological Economics*, 2017, 131: 191-207.

［31］DUARTE, PINILLA, SERRANO. Looking Backward to Look Forward: Water Use and Economic Growth from a Long-Term Perspective［J］. *Applied Economics*, 2014, 46（2）: 212-224.

［32］EHRLICH P R, HOLDEN J P. Impact of Population Growth［J］.*Science( New York, N.Y.)*, 1971, 171（3）: 1212-1217.

［33］EHRLICH P R, HOLDREN J P. Hidden Effects of Overpopulation.［J］. *Political Science·Saturday rev*, 1970, 171（3）: 1212-1217.

［34］EKINS P, FOLKE C, GROOT R D. Identifying Critical Natural Capital-

Science Direct［J］.*Ecological Economics*, 2003, 44（2）: 159-163.

［35］ERNST F, CHRISTIAN Z, OLIVER H. Contracts, Reference Points, and Competition-Behavioral Effects of the Fundamental Transformation［J］. *Journal of the European Economic Association*, 2009, 7（2）: 561-572.

［36］FALAHI F. Causal Relationship Between Energy Consumption（EC）and Gdp: A Markov-Switching（MS）Causality［J］.*Energy*, 2011, 36（7）: 4165-4170.

［37］FALK A, FISCHBACHER U. A Theory of Reciprocity［J］.*Games and Economic Behavior*, 2005, 54（2）: 293-315.

［38］FANG W S, MILLER S M. The Effect of Escos on Carbon Dioxide Emissions［J］.*Applied Economics*, 2013, 45（34）: 4796-4804.

［39］FEHR E, SCHMIDT K M. A Theory of Fairness, Competition, and Cooperation［J］.*Quarterly Journal of Economics*, 1999, 114（3）: 817-868.

［40］FENG T W, WANG D. The Influence of Environmental Management Systems on Financial Performance: A Moderated-Mediation Analysis［J］.*Journal of Business Ethics*, 2016, 135（2）: 265-278.

［41］FRANCO C, MARIN G. The Effect of Within-Sector, Upstream and Downstream Environmental Taxes on Innovation and Productivity［J］. *Environmental and Resource Economics*, 2017, 66（2）: 1-31.

［42］FUCHS K, HEROLD F. The Costs and Benefits of a Separation of Powers—An Incomplete Contracts Approach［J］.*Social Science Electronic Publishing*, 2011, 13（1）: 131-167.

［43］GARBACCIO R F, MUN S H O, JORGENSON D W. Controlling Carbon

Emissions in China［J］.*Environment and Development Economics*, 1999, 4（4）: 493-518.

［44］GARDEAZABAL A J. The Economic Costs of Conflict: A Case Study of the Basque Country［J］.*American Economic Review*, 2003, 93（1）: 113-132.

［45］GILES D E A, TEDDS L M, WERKNEH G. The Canadian Underground and Measured Economies: Granger Causality Results［J］.*Econometrics Working Papers*, 2007, 34（18）: 2347-2352.

［46］GORE S A. *Earth in the Balance*［M］.Peking: Peking Central Compilation and Translation Press, 1997.

［47］GROSSMAN G M, KRUEGER A B. Economic Growth and the Environment ［J］.*The QuarterlyJournal of Economics*, 1995, 110（2）: 353-377.

［48］GROSSMAN S J, HART O D. The Costs and Benefits of Ownership: A Theory of Vertical and Lateral Integration［J］.*Journal of Political Economy*, 1986, 94（4）: 691-719.

［49］HAHN J, TODD P, WILBERT V D K. Identification and Estimation of Treatment Effects with a Regression Discontinuity Design［J］. *Econometrica*, 2001, 69（1）: 201-209.

［50］HAMAMOTO M. Environmental Regulation and the Productivity of Japanese Manufacturing Industries［J］.*Resource and Energy Economics*, 2006, 28: 299-312.

［51］HOLMSTROM, BENGT. Moral Hazard and Obesrvabilitu［J］.*Bell Journal of Economics*, 1979, 13: 324-340.

［52］HONG F, KARP L. International Environmental Agreements with Mixed

Strategies and Investment [J] .*Journal of Public Economics*, 2012, 96（9）：685-697.

[53] HONG F, LIM W. Voluntary Participation in Public Goods Provision with Coasian Bargaining [J] .*Journal of Economic Behavior and Organization*, 2016, 126: 102-119.

[54] HÜBLER M. Technology Diffusion Under Contraction and Convergence: A Cge Analysis of China [J] .*Energy Econ*, 2011, 33（1）: 131-42.

[55] JACKSON T, VICTOR A P. Does Slow Growth Lead to Rising Inequality? Some Theoretical Reflections and Numerical Simulations [J] .*Ecological Economics*, 2016, 121: 206-219.

[56] JAFFE A B, PALMER K L. Environmental Regulation and Innovation: A Panel Data Study [J] .*Social Science Electronic Publishing*, 1997, 79（4）：610-619.

[57] JAMES D, HAMILTON. A New Approach to the Economic Analysis of Nonstationary Time Series and the Business Cycle [J] .*Econometrica*,1989, 57（2）: 357-384.

[58] JENSEN M C, MECKLING W H. Theory of the Firm: Managerial Behavior, Agency Costs and Ownership Structure [J] .*Journal of Financial Economics*, 1976, 3: 305-360.

[59] JONGENSON D W, WILCOXEN P J. Intertemporal General Equilibrium Modeling of U.S. Environmental Regulation [J] .*Journal of Policy Modeling*, 1990, 12（4）: 715-744.

[60] JORGENSON A K. Does Foreign Investment Harm the Air We Breathe and

the Water We Drink? A Cross-National Study of Carbon Dioxide Emissions and Organic Water Pollution in Less-Developed Countries, 1975 to 2000[ J ]. *Organization and Environment*, 2007, 20（2）: 137-156.

［61］JORGENSON W D, WILCOXEN J P. Environmental Regulation and U.S. Economic Growth［ J ］.*The RAND Journal of Economics*, 1990, 21（2）: 314-340.

［62］KOLINJIVADI V, ADAMOWSKI J, KOSOY N. Recasting Payments for Ecosystem Services（PES）in Water Resource Management: A Novel Institutional Approach［ J ］.*Ecosystem Services*, 2014, 10: 144-154.

［63］LE C, DAVID D. Asset Price Volatility and Financial Contagion: Analysis Using the Ms-Var Framework［ J ］.*Eurasian Economic Review*, 2014, 4（2）: 133-162.

［64］LEE D S. Randomized Experiments from Non-Random Selection in U.S. House Elections［ J ］.*Journal of Econometrics*, 2008, 142（2）: 675-697.

［65］Li H, Sun D. Theoretical Analysis of "Eco-Man" in Sight of Ecological Civilization［ J ］.*Cross-Cultural Communication*, 2014, 10（6）: 72-76.

［66］LIN B Q, SUN C W. Evaluating Carbon Dioxide Emissions in International Trade of China［ J ］.*Energy Policy*, 2010, 38（1）: 613-621.

［67］LIN S, ZHAO D, MARINOVA D. Analysis of the Environmental Impact of China Based on Stirpat Model［ J ］.*Environmental Impact Assessment Review*, 2009, 29（6）: 341-347.

［68］LIU L, CHEN C, ZHAO Y, et al. China's Carbon-emissions Trading: Overview, Challenges and Future［ J ］.*Renewable and Sustainable Energy*

*Reviews*, 2015, 49: 254−266.

［69］LIU Z G, PAN Q, DEZERT J, et al. Credal Classification Rule for Uncertain Data Based on Belief Functions ［J］.*Pattern Recognition*, 2014, 47（7）: 2532−2541.

［70］LO A Y. Carbon Trading in a Socialist Market Economy: Can China Make a Difference? ［J］.*Ecological Economics*. 2013, 87: 4−72.

［71］LUCAS R E, SARGENT T J. *Rational Expectations and Econometric Practice: Volume 1* ［M］.Minneapolis: University of Minnesota Press, 1981: 207−237.

［72］LYLE G, BRYAN B, OSTENDORF B. Identifying the Spatial and Temporal Variability of Economic Opportunity Costs to Promote the Adoption of Alternative Land Uses in Grain Growing Agricultural Areas: An Australian Example ［J］.*Journal of Environmental Management*, 2015, 155: 123−135.

［73］MACKINNON D P, LOCKWOOD C M, WILLIAMS J S. Confidence Limits for the Indirect Effect: Distribution of the Product and Resampling Methods ［J］.*Multivariate Behavioral Research*, 2004, 39（1）: 99−128.

［74］MANDILARAS A, BIRD G. A Markov Switching Analysis of Contagion in the EMS ［J］.*Journal of International Money and Finance*, 2010, 29（6）: 1062−1075.

［75］MARKOWSKA A, ŻYLICZ T. Costing an International Public Good: The Case of the Baltic Sea ［J］.*Ecological Economics*, 1999, 30（2）: 301−316.

［76］MARKOWSKA A. Managing Nutrient Fluxes and Pollution in the Baltic: An

Interdisciplinary Simulation Study [ J ].*Ecological Economics*, 1999, 30( 2 ): 333-352.

[ 77 ] MARRA F J. Crisis Communication Plans: Poor Predictors of Excellent Crisis Public Relations [ J ].*Public Relations Review*, 1998, 24 ( 3 ) : 461-474.

[ 78 ] MARSH H W, WEN Z, HAU K T. Structural Equation Models of Latent Interactions: Evaluation of Alternative Estimation Strategies and Indicator Construction [ J ].*Psychological Methods*, 2004, 9 ( 3 ) : 275-300.

[ 79 ] KROLZIG H. *Markov-Switching Vector Autoregressions* [ M ].Berlin: Springer, 1997.

[ 80 ] MEHTA P D, NEALE M C. People Are Variables Too: Multilevel Structural Equations Modeling [ J ].*Psychological Methods*, 2005, 10 ( 3 ) : 259-284.

[ 81 ] MOUSSIOPOULOS N, ACHILLAS C, VLACHOKOSTAS C, et al. Environmental, Social and Economic Information Management for the Evaluation of Sustainability in Urban Areas: A System of Indicators for Thessaloniki, Greece [ J ].*Cities*, 2010, 27 ( 5 ) : 377-384.

[ 82 ] NAQVI A. Modeling Growth, Distribution, and the Environment in a Stock-Flow Consistent Framework [ C ] //Ecological Economics Papers, 2015.

[ 83 ] PARK R E, BURGESS E W. *Introduction to the Science of Sociology* [ M ]. Chicago: University of Chicago Press, 1921.

[ 84 ] PARRIS K, BROUWER F, CRABTREE B. Environmental Indicators for Agriculture [ J ].*Oecd Observer*, 1999, 3 ( 203 ) : 10.

[ 85 ] PAWLAK Z. Decision Rules and Dependencies [ J ].*Fundamenta Informaticae*, 2004, 60 ( 1 ) : 33-39.

［86］PEARCE D, TURNER R K. *Economics of Natural Resources and the Environment* ［M］.New York: Harvester Wreathe, 1990: 215-289.

［87］PERKINS R, NEUMAYER E. Do Recipient Country Characteristics Affect International Spillovers of Efficiency Via Trade and Foreign Direct Investment?［J］.*Climatic Change*, 2012, 112: 469-491.

［88］PORTER E M, LINDE C V D. Toward a New Conception of the Environment-Competitiveness Relationship ［J］.*Journal of Economic Perspectives*, 1995, 9（4）: 97-118.

［89］PREACHER K J, HAYES A F. Spss and Sas Procedures for Estimating Indirect Effects in Simple Mediation Models ［J］.*Behavior Research Methods, Instruments, and Computers*, 2004, 36: 717-731.

［90］PREACHER K J, RUCKER D D, HAYES A F. Addressing Moderated Mediation Hypotheses: Theory, Methods, and Prescriptions ［J］. *Multivariate Behavioral Research*, 2007, 42（1）: 185-227.

［91］PREACHER K J, ZHANG Z, ZYPHUR M J. Alternative Methods for Assessing Mediation in Multilevel Data: The Advantage of Multilevel Sem ［J］.*Structural Equation Modeling*, 2011, 18: 161-182.

［92］PREACHER K J, ZYPHUR M J, ZHANG Z. A General Multilevel Sem Framework for Assessing Multilevel Mediation ［J］.*Psychological Methods*, 2010, 15（3）: 209-233.

［93］RADZIKOWSKA A M, KERRE E E. A Comparative Study of Fuzzy Rough Sets ［J］.*Fuzzy Sets and Systems*, 2002, 126（2）: 137-155.

［94］REHDANZ K, MADDISON D. Climate and Happiness ［J］.*Ecological*

*Economics*, 2005, 52（1）: 111-125.

[ 95 ] REN C, LO A Y. Emission Trading and Carbon Market Performance in Shenzhen, China [ J ] .*Applied Energy*, 2017, 193: 414-425.

[ 96 ] REZAI A, TAYLOR L, MECHLER R. Ecological Macroeconomics: An Application to Climate Change [ J ] .*Ecological Economics*, 2013, 85（2）: 69-76.

[ 97 ] RIETBERGEN M G, BLOK K. Setting Smart Targets for Industrial Energy Use and Industrial Energy Efficiency [ J ] . *Energy Policy*, 2010, 38（8）: 4339-4354.

[ 98 ] SAUNDERS H D. A View from the Macro Side: Rebound, Backfire, and Khazzoom-Brookes [ J ] .*Energy Policy*, 2000, 28（6）: 439-449.

[ 99 ] SHI A. The Impact of Population Pressure on Global Carbon Dioxide Emissions, 1975—1996: Evidence from Pooled Cross-Country Data-Sciencedirect [ J ] .*Ecological Economics*, 2003, 44（1）: 24-42.

[ 100 ] SIMON A H. Rationality in Psychology and Economics [ J ] .*The Journal of Business*, 1986, 59（4）: S209-S224.

[ 101 ] STEM P C, YOUNG O R, DRUCKMAN D. *Global Environmental Change: Understanding The Human Dimensions* [ M ] .New York: National Academies Press, 1992.

[ 102 ] SWINIARSKI R W, SKOWRON A. Rough Set Methods in Feature Selection and Recognition [ J ] .*Pattern Recognit Letters*, 2003, 24（6）: 833-849.

[ 103 ] TABIBNIA G, SATPUTE A B, LIEBERMAN M D. The Sunny Side

of Fairness Preference for Fairness Activates Reward Circuitry ( and Disregarding Unfairness Activates Self-Control Circuitry ) [ J ] . *Psychological Science*, 2008, 19 ( 4 ) : 339–347.

[ 104 ] TAHIR M, RAHMAN R A. Modelling the Relationships Between Us and Selected Asian Stock Markets[ J ].*World Applied Sciences Journal*, 2009, 7: 1412–1418.

[ 105 ] TALUKDAR D, MEISNER C M. Does the Private Sector Help or Hurt the Environment? Evidence from Carbon Dioxide Pollution in Developing Countries [ J ] .*World Development*, 2001, 29 ( 5 ) : 827–840.

[ 106 ] TAYLOR L, REZAI A, FOLEY K D. An Integrated Approach to Climate Change, Income Distribution, Employment, and Economic Growth [ J ] . *Ecological Economics*, 2016, 121: 196–205.

[ 107 ] TILMAN D. *Monographs in Population Biology: Resource Competition and Community Structure* [ M ] .New Jersey: Princeton University Press, 1982.

[ 108 ] PACALA S W, TILMAN D. Limiting Similarity in Mechanistic and Spatial Models of Plant Competition in Heterogeneous Environments [ J ] .*The American Naturalist*, 1994, 143 ( 2 ) : 222–257.

[ 109 ] TIWARI A. *The Capacity Crisis in Disaster Risk Management* [ M ] . Cham: Springer, 2015.

[ 110 ] Vahram S, Kai G. Determinants of Bank Credit in Emerging Market Economies [ J ] .*IMF Working Papers*, 2011, 11 ( 51 ) : 1–20.

[ 111 ] VICTOR A P. Growth, Degrowth and Climate Change: A Scenario Analysis

［J］.*Ecological Economics*, 2012, 84（6）: 206–212.

［112］VICTOR P A, ROSCNBLUTH G. Managing Without Growth［J］. *Ecological Economics*, 2007, 61（2）: 492–504.

［113］WEITZEL M, HÜBLER M, PETERSON S. Fair, Optimal or Detrimental? Environmental vs. Strategic Use of Border Carbon Adjustment［J］.*Energy Economics*, 2012, 34（2）: 198–207.

［114］WELSCH H. Environmental Welfare Analysis: A Life Satisfaction Approach ［J］.*Ecological Economics*, 2007, 62（3）: 544–551.

［115］WIEDEMANN A U, SCHÜZ B, SNIEHOTTA F, et al. Disentangling the Relation Between Intentions, Planning, and Behavior : A Moderated Mediation Analysis［J］.*Psychology and Health*, 2009, 24（1）: 67–79.

［116］WILLIAME D R, REES. Revisiting Carrying Capacity: Area-Based Indicators of Sustainability［J］.*Population and Environment*, 1996, 17（3）: 195–215.

［117］WORSTER D. *Nature's Economy: A History of Ecological Ideas, Second Edition*［M］.Cambridge: Cambridge University Press, 1994.

［118］XIE R, PANG Y, LI Z, et al. Eco-Compensation in Multi-District River Networks in North Jiangsu, China［J］.*Environmental Management*, 2013, 51（4）: 874–881.

［119］YANG W, LIU W, VIñA A, et al. Performance and Prospects of Payments for Ecosystem Services Programs: Evidence from China［J］.*Journal of Environmental Management*, 2013, 127: 86–95.

［120］YAO Y. A Comparative Study of Fuzzy Sets and Rough Sets［J］.

*Information Sciences*, 1998, 109（1）: 227-242.

［121］YORK R, ROSA E A, DIETZ T. STIRPAT, IPAT and ImPACT: Analytic Tools for Unpacking the Driving Forces of Environmental Impacts ［J］. *Ecological Economics*, 2003, 46（3）: 351-365.

［122］YU R J, CALDER A J, MOBBS D. Overlapping and Distinct Representations of Advantageous and Disadvantageous Inequality ［J］. *Human Brain Mapping*, 2014, 35（7）: 3290-3301.

［123］ZHANG J, ZHONG C, YI M. Did Olympic Games Improve Air Quality in Beijing? Based on the Synthetic Control Method ［J］.*Collected Essays on Finance and Economics*, 2016, 18（1）: 21-39.

［124］ZHANG Z. Crossing the River by Feeling the Stones: The Case of Carbon Trading in China ［J］.*Environmental Economics and Policy Studies*, 2015, 17（2）: 97-263.

# 附 录

附录A　证明各个地区生态经济人的收益和成本支付呈现正态分布特征。

假设 $a_i$ 是一个独立的生态经济人个体，而他的预期收益是 $E(a_i)$，方差是：

$$D(a_i) = b_i^2, B_n^2 = b_1^2 + b_2^2 + \ldots + b_n^2 \qquad 式（A.1）$$

而

$$A = \frac{1}{B_n} \sum_{i=1}^{n} (a_i - E(a_i)) \qquad 式（A.2）$$

因

$$m < a_i < M, 0 < D(a_i) < \infty \qquad 式（A.3）$$

m, M 是常数，则序列 $\{a_i\}$ 服从中心极限定理。即当生态经济人 $a_i$ 的个数趋于无穷时，随机变量 $a_i$ 的分布关于 x 均匀地趋于正态分布 $N(0,1)$，则有：

$$\lim_{n \to \infty} P\left[\frac{1}{B_n} \sum_{i=1}^{n} (a_i - E(a_i) \leqslant x\right] = \frac{1}{\sqrt{2c}} \int_{-\infty}^{x} e^{-\frac{x^2}{2}} dz \qquad 式（A.4）$$

证明：只需要证明林德伯格（Linderberg）条件成立，即对于 $\forall f > 0$，都

$$\lim_{n \to \infty} \frac{1}{B_n^2} \sum_{i=1}^{n} \int_{|x-a_i| > fB_n} (x - a_i)^2 dF(x_i) = 0 \qquad 式（A.5）$$

其中，$F_i(x)$ 是 $a_i$ 的分布函数。

通过式(1)，式(3) 和切比雪夫（Chebyshev） 不等式公式

$$P(|a_i - E(a_i)| \geqslant X) \leqslant \frac{b_i^2}{X^2},$$

可得

$$\frac{1}{B_n^2}\sum_{i=1}^{n}\int_{|x-a_i|>fB_n}(x-a_i)^2 dF_i(x) \leqslant \frac{1}{B_n^2}(M-m)^2\sum_{i=1}^{n}\int_{|x-a_i|>fB_n}dF_i(x)$$

$$\leqslant \frac{1}{B_n^2}(M-m)^2\sum_{i=1}^{n}\frac{b_i^2}{f^2 B_n^2} = \frac{(M-m)^2}{f^2 B_n^2} \leqslant \frac{(M-m)^2}{n^2 f^2 b^2}$$

式（A.6）

明显的，对于 $\forall f > 0$，当 $a_i$ 的个数趋于无穷大时，式（A.6）趋近于 0，即式（A.5）成立，而命题得证。

同样的，生态经济人成本的情况也可以同理证得。

## 附录 A  隐性经济规模

单位：%

| 地区 | 2003 | 2004 | 2005 | 2006 | 2007 | 2008 | 2009 | 2010 | 2011 | 2012 | 2013 | 2014 | 2015 | 2016 |
|---|---|---|---|---|---|---|---|---|---|---|---|---|---|---|
| 北京 | 17.50 | 18.41 | 18.60 | 19.29 | 20.27 | 20.61 | 20.99 | 22.06 | 23.00 | 23.49 | 24.18 | 24.45 | 25.21 | 22.54 |
| 天津 | 13.62 | 14.39 | 15.60 | 16.29 | 16.67 | 17.80 | 18.28 | 19.34 | 20.52 | 21.21 | 21.95 | 22.68 | 22.82 | 22.89 |
| 河北 | 9.48 | 9.94 | 10.46 | 10.94 | 10.99 | 11.63 | 12.13 | 12.80 | 13.73 | 14.09 | 14.52 | 14.82 | 15.00 | 15.25 |
| 山西 | 8.73 | 9.25 | 9.92 | 10.34 | 11.36 | 12.09 | 12.23 | 12.76 | 13.51 | 14.13 | 14.48 | 12.24 | 12.07 | 12.08 |
| 内蒙古 | 16.09 | 17.34 | 18.38 | 19.69 | 21.13 | 22.63 | 23.11 | 24.63 | 26.53 | 27.35 | 27.90 | 29.75 | 30.10 | 27.20 |
| 辽宁 | 12.16 | 12.77 | 13.60 | 14.36 | 15.71 | 16.65 | 17.22 | 18.31 | 19.68 | 20.60 | 21.13 | 21.14 | 19.71 | 19.15 |
| 吉林 | 8.51 | 8.94 | 9.35 | 9.84 | 11.29 | 11.94 | 12.42 | 13.10 | 14.29 | 15.10 | 15.55 | 15.99 | 16.19 | 16.15 |
| 黑龙江 | 6.55 | 6.77 | 7.17 | 7.41 | 7.19 | 7.45 | 7.39 | 7.86 | 8.41 | 8.65 | 8.86 | 9.14 | 9.27 | 9.07 |
| 上海 | 12.78 | 13.56 | 13.75 | 14.19 | 15.47 | 15.75 | 15.89 | 16.69 | 17.22 | 17.56 | 17.98 | 18.45 | 19.01 | 19.71 |
| 江苏 | 12.90 | 13.38 | 14.67 | 15.34 | 15.86 | 16.49 | 16.94 | 17.79 | 18.91 | 19.86 | 20.66 | 21.12 | 21.46 | 21.56 |
| 浙江 | 17.31 | 18.12 | 19.39 | 20.38 | 21.20 | 22.19 | 22.99 | 24.27 | 25.45 | 25.85 | 26.71 | 27.18 | 27.64 | 28.20 |
| 安徽 | 13.63 | 12.85 | 13.47 | 14.38 | 14.26 | 15.18 | 15.90 | 16.91 | 18.04 | 18.76 | 19.37 | 20.14 | 20.61 | 21.09 |

| 地区 | 2003 | 2004 | 2005 | 2006 | 2007 | 2008 | 2009 | 2010 | 2011 | 2012 | 2013 | 2014 | 2015 | 2016 |
|---|---|---|---|---|---|---|---|---|---|---|---|---|---|---|
| 福建 | 13.21 | 13.58 | 14.79 | 15.68 | 16.26 | 16.98 | 17.65 | 18.72 | 20.01 | 20.93 | 22.00 | 22.69 | 22.64 | 22.86 |
| 江西 | 16.13 | 17.13 | 17.95 | 18.75 | 18.56 | 20.04 | 21.02 | 22.55 | 23.68 | 24.82 | 26.08 | 27.42 | 28.05 | 28.02 |
| 山东 | 12.17 | 12.62 | 13.58 | 14.33 | 14.31 | 14.93 | 16.04 | 16.89 | 17.69 | 18.32 | 18.76 | 19.84 | 20.20 | 20.23 |
| 河南 | 11.43 | 12.02 | 12.59 | 13.31 | 14.51 | 15.37 | 15.75 | 16.70 | 17.74 | 18.42 | 19.07 | 19.59 | 19.90 | 20.17 |
| 湖北 | 15.58 | 16.32 | 17.10 | 17.68 | 17.87 | 18.65 | 19.36 | 20.50 | 22.09 | 23.44 | 24.65 | 25.52 | 26.37 | 26.77 |
| 湖南 | 10.03 | 10.67 | 11.56 | 12.10 | 12.86 | 13.49 | 14.32 | 15.25 | 16.17 | 16.98 | 17.63 | 18.28 | 18.10 | 18.12 |
| 广东 | 10.66 | 11.13 | 12.21 | 12.80 | 13.25 | 13.75 | 14.24 | 14.83 | 15.49 | 15.91 | 16.39 | 16.70 | 17.08 | 17.44 |
| 广西 | 6.81 | 7.20 | 7.78 | 8.12 | 8.04 | 8.69 | 9.10 | 9.67 | 10.21 | 10.56 | 10.84 | 11.13 | 11.30 | 11.23 |
| 海南 | 18.38 | 19.02 | 19.62 | 20.40 | 20.87 | 22.37 | 23.76 | 25.96 | 27.39 | 28.36 | 29.01 | 30.55 | 30.17 | 29.90 |
| 重庆 | 7.04 | 7.51 | 8.06 | 8.48 | 8.45 | 8.80 | 9.36 | 10.05 | 10.95 | 11.27 | 11.74 | 12.09 | 12.42 | 12.48 |
| 四川 | 9.35 | 9.68 | 10.21 | 10.81 | 11.06 | 11.57 | 12.27 | 13.06 | 13.87 | 14.47 | 15.00 | 15.40 | 15.46 | 15.54 |
| 贵州 | 17.46 | 18.12 | 19.05 | 20.21 | 20.44 | 21.84 | 22.70 | 24.08 | 25.95 | 27.65 | 29.11 | 30.73 | 31.71 | 32.06 |
| 云南 | 6.77 | 7.13 | 7.39 | 7.65 | 7.91 | 8.64 | 8.74 | 9.27 | 9.84 | 10.23 | 10.49 | 10.41 | 10.56 | 10.58 |
| 陕西 | 17.45 | 18.50 | 19.41 | 20.78 | 20.90 | 22.16 | 21.49 | 23.01 | 24.57 | 26.07 | 27.00 | 27.56 | 27.40 | 27.41 |
| 甘肃 | 15.70 | 16.01 | 16.41 | 16.86 | 16.87 | 16.92 | 17.41 | 18.28 | 19.40 | 20.62 | 21.76 | 22.81 | 23.22 | 23.41 |
| 青海 | 15.97 | 15.86 | 16.71 | 17.20 | 17.53 | 19.19 | 20.85 | 22.11 | 23.91 | 25.16 | 27.69 | 28.95 | 26.51 | 25.23 |
| 宁夏 | 17.32 | 18.63 | 19.94 | 21.32 | 21.81 | 24.07 | 26.07 | 27.00 | 29.05 | 29.64 | 30.50 | 31.27 | 30.67 | 30.45 |
| 新疆 | 10.21 | 10.66 | 11.36 | 11.29 | 11.20 | 11.92 | 12.48 | 13.28 | 14.34 | 14.74 | 15.54 | 16.08 | 15.68 | 15.82 |

注：数据为个人计算所得。统计不包括西藏自治区、香港特区、澳门特区和台湾地区。

## 附录 B  面板单位根检验结果

| 变量 | Levin, Lin&Chut* | Breitung t-stat | Im,Pesaran and Shin W-stat | ADF-Fisher Chi-square | PP-Fisher Chi-square | 结论 |
|---|---|---|---|---|---|---|
| 生态经济人选择积极环保契约 | | | | | | |
| lna | -9.88447*** (0.00) | -0.80756 (0.2097) | -1.52009* (0.0642) | 33.9578*** (0.0055) | 33.6685*** (0.0060) | 平稳 |
| lna2 | -9.88447*** (0.00) | -0.80756 (0.2097) | -1.52009* (0.0642) | 33.9578*** (0.0055) | 33.6685*** (0.0060) | 平稳 |
| lnGDP | -6.59820*** (0.00) | -0.76636 (0.2217) | -1.04128* (0.1489) | 33.4170*** (0.0065) | 72.8467*** (0.0000) | 平稳 |
| lnTI | -11.8095*** (0.00) | — | -0.40690 (0.3420) | 26.1986* (0.0513) | 54.2802*** (0.0000) | 平稳 |

## 附录 C  面板单位根检验结果

| 变量 | Levin, Lin&Chut* | Breitung t-stat | Im, Pesaran and Shin W-stat | ADF-Fisher Chi-square | PP-Fisher Ch-square | 结论 |
|---|---|---|---|---|---|---|
| 生态经济人选择积极环保契约 | | | | | | |
| lnT | -12.4101*** (0.00) | — | -2.80940*** (0.0025) | 63.7842*** (0.0003) | 88.3719*** (0.0000) | 平稳 |
| lnEOR | -8.32654*** (0.00) | — | -4.30480** (0.0119) | 72.3819*** (0.0000) | 148.306*** (0.0000) | 平稳 |
| lnP | -12.6038*** (0.00) | — | -6.22819*** (0.0000) | 58.3279*** (0.0000) | 37.3965** (0.0018) | 平稳 |
| lnI | -56.2039*** (0.00) | -0.52397 (0.3001) | -5.26663*** (0.0000) | 31.7643* (0.0107) | 41.0554*** (0.0005) | 平稳 |

| 变量 | Levin, Lin&Chut* | Breitung t-stat | Im, Pesaran and Shin W-stat | ADF-Fisher Chi-square | PP-Fisher Ch-square | 结论 |
|---|---|---|---|---|---|---|
| lnC | −15.5795*** （0.00） | −0.43052 （0.3334） | −3.97342*** （0.0000） | 54.0651*** （0.0000） | 58.7760*** （0.0000） | 平稳 |
| 生态经济人选择消极环保契约 | | | | | | |
| Δlna | −10.1290*** （0.0000） | — | −1.41673* （0.0783） | 45.5490** （0.0343） | 73.3619*** （0.0000） | 平稳 |
| Δlna² | −10.1290*** （0.0000） | — | −1.41673* （0.0783） | 45.5490** （0.0343） | 73.3619*** （0.0000） | 平稳 |
| lnGDP | −3.2290*** （0.0006） | — | −0.30987 （0.3783） | 43.0802 （0.3409） | 118.156*** （0.0000） | 平稳 |
| ΔlnTI | −4.36670*** （0.0000） | — | — | 64.4125** （0.0240） | 156.577*** （0.0000） | 平稳 |
| lnT | −0.74717 （0.2275） | — | — | 80.2482** （0.0117） | 148.368*** （0.0000） | 平稳 |
| lnEOR | −10.8711*** （0.0000） | — | −0.43026 （0.3335） | 43.3883** （0.0541） | 70.9486*** （0.0000） | 平稳 |
| lnP | −28.4367*** （0.0000） | −4.59124*** （0.0000） | −17.5601*** （0.0000） | 130.869*** （0.0000） | 102.479*** （0.0018） | 平稳 |
| ΔlnI | −8.03929*** （0.0000） | — | −1.26480* （0.1030） | 43.4929** （0.0530） | 78.6741*** （0.0000） | 平稳 |
| lnC | −9.06634*** （0.0000） | −0.32401 （0.3730） | −0.92940 （0.1763） | 56.0845*** （0.0027） | 92.0545*** （0.0000） | 平稳 |

注：括号内是 $p$ 值，***，**，* 分别代表显著性水平 1%，5%，10%。